地理人子须知 〈上〉

数术名家精粹

[一叶知秋、一针见血、胸罗千载、面转乾坤]

文王之风·水布乾坤·好风好水好运来

最简明易懂的风水常识，一看就懂，一学就会

汇集中国历代大师、风水典籍的实用风水精华

萧何祖

罗盘
经天纬地的罗盘是堪舆风水的必备工具

完颜希尔家族墓穴场全景图

（明）徐善继·述◎著
杨金国◎点校
刘保同◎主编

内蒙古人民出版社

图书在版编目(CIP)数据

地理人子须知. 上 / (明)徐善继, (明)徐善述著. —呼和浩特: 内蒙古人民出版社, 2010.5(2020.4 重印)
(传统数术名家精粹/刘保同主编)
ISBN 978-7-204-10508-3

Ⅰ. ①地… Ⅱ. ①徐…②徐… Ⅲ. ①风水-中国-古代 Ⅳ. ①B992.4

中国版本图书馆 CIP 数据核字(2010)第 090342 号

传统数术名家精粹
地理人子须知. 上
(明)徐善继 (明)徐善述 著

责任编辑	王继雄
封面设计	宋双成
出版发行	内蒙古人民出版社
地　　址	呼和浩特市中山东路 8 号波士名人国际 B 座 5 层
印　　刷	呼和浩特市圣堂彩印有限责任公司
开　　本	710×1000　1/16
印　　张	16
字　　数	220 千字
版　　次	2010 年 12 月第 1 版
印　　次	2020 年 4 月第 5 次印刷
书　　号	ISBN 978-7-204-10508-3
定　　价	29.80 元

如出现印装质量问题, 请与我社联系。
联系电话:(0471)3946120　3946173

目 录

地理人子须知卷一/1

 论昆仑为诸山之祖/1

 总论中国之山/2

 论九州岛山镇川泽/7

 论三大干龙/8

 论南条干龙脉络/8

 论中条干龙脉络/9

 论北条干龙脉络/10

地理人子须知卷二/13

 论帝都/13

 历代帝都考/14

 论帝都必合星垣/15

 论北龙所结帝都垣局/23

 论中龙所结帝都垣局/25

 论南龙所结帝都垣局/26

地理人子须知卷三/28

 枝干总论/28

 论干龙/29

 论枝龙/36

 依近郡甫随龙穴诸名地图具下/39

地理人子须知卷四/43

 总论支垄/43

 论垄龙/44

 论支龙/45

地理人子须知卷五/53

 论太祖山/53

 论少祖山/54

 论无少祖山/58

 论龙父母胎息孕育/58

论龙入首/60

地理人子须知卷六/64

论龙出身/64

论龙开障/66

论龙剥换/67

论龙过峡/68

护峡山格/73

附蔡西山先生峡格/75

论龙枝脚桡棹/82

论龙护送/90

地理人子须知卷七/93

论龙旁正/93

论龙老嫩/95

论龙长短/96

论龙真假/97

论龙贵贱/100

地理人子须知卷八/103

论龙驻跸/103

论龙行止/104

论龙分劈/105

论龙背面/106

论龙宾主/111

论龙奴从/114

论龙余气/115

地理人子须知卷九/123

论龙分三势 123

论龙三落/125

论龙形势十二格/127

论龙出脉三格/132

论龙受穴三等/134

论龙入首五格/135

论龙入穴十二脉/139

论龙结穴五局/141

论龙结局分三聚/142

地理人子须知卷十/145

五星总论/145

论五星之形/146

论五星之名/147

论五星分高山平岗平地三格/151

论五星体性/152

论五星所忌/153

论五星所喜/153

论五星聚讲/154

论五星连珠/154

论五星归垣/156

地理人子须知卷十一/158

穴法总论/158

此一册专论穴形/161

目　　录

论窝形之穴/162

论钳形之穴/172

论乳形之穴/180

地理人子须知卷十二/188

论突形之穴/188

突形四格/189

论边窝之格/194

论并窝之格/197

论分钳之格/198

论合钳之格/200

论闪乳之格/201

论侧乳之格/202

论鹘突之格/203

论并突之格/205

地理人子须知卷十三/210

穴星三大格/210

穴星三格辨/211

穴星诸形/212

火星不结穴辨/213

地理人子须知卷十四/227

论朝山证穴/227

论明堂证穴/232

论水势证穴/233

论乐山证穴/233

鬼星证穴/235

论龙虎证穴/236

论缠护证穴/236

论唇毡证穴/237

论天心十道证穴/239

论分合证穴/240

地理人子须知卷一

江右德行山人 徐善继 徐善述 同著

此一册专论天下大干龙。龙居地理四科之首，堪舆家最重要是论龙。论龙而不知天下的大干龙，则所见者近而不远，所究者浅而不深，所窥者狭而不广，乌乎可哉？故首论天下大干龙，庶几识其大者。

论昆仑为诸山之祖

《地理大全》临川吴氏曰："天下之山脉起于昆仑。"蔡牧堂《发微论》曰："凡山皆祖昆仑。"陶公《捉脉赋》云："大智察脉，起自昆仑。"《明山宝鉴》云："山脉之起，本于昆仑。"郭璞《锦囊经》云："葬者原其始，乘其止。"诚以地理之法，龙则原其始，穴则乘其止，故不可不审山之起祖处也。然观山之所始，必究其水之所起；观龙之所终，必察其水之所界。今以舆图考之，天下之水皆原于西北。是可见山起于西北矣。蔡文正公曰："山水皆原于西北，故禹叙山叙水，皆自西北而东南"是也。或云昆仑在西海戌地，北海亥地，东南接积石圃，西北接北户之室，东北临太活之井，西南至城南之谷，亦荒远莫稽。而杨筠松又云须弥山生四龙，昆仑山特其南肢。

葛溪氏述其说曰："须弥山是天地骨，中镇天心为巨物。四肢分作四世界，惟有南龙入中国。南龙入自昆仑山，龙子龙孙皆可别。"虽据佛经，人所罕见，阙之可也。今但以中国山川之可考者论之，则昆仑诚诸山之祖，在中国之西北。九峰蔡氏云："中国山势冈脊，大抵皆自西北而来。"盖可见矣。

总论中国之山

朱子曰："河图言昆仑为地之中，中国至于阗（音田）二万里。于阗贡使自言西去四千三百余里即昆仑。今中国在昆仑东南，而天下之山祖于昆仑，惟派三干以入中国。其入夷国之山无可考，亦不足论。今以中国言之，其河北诸山，则自北寰武、岚宪诸州，乘高而来，山脊以西之水，流入龙门西河，脊东之水，流于幽冀，入于东海。其西一支为湖口泰岳。次一支包汾晋之原而南出，以为析城、王屋，而又西折为雷首。又一支为恒山，又一支为太行山。太行山一千里，其山高甚。上党在山脊，河东河北诸州在山支。其最长一支为燕山，尽于平梁。大河以南诸山，则关中之山，皆自蜀汉而来。一支至长安而尽。关中一支生下函谷。以至嵩、少，东尽泰山。一支自幡冢、汉水之北生下，尽扬州江南诸山，皆祖于岷江，出岷山。岷山夹江两岸而行，那边一支，去为江北许多去处。这边一支，分散为湖南、闽、广，尽于两浙、建康。其一支为衡山，而尽于洞庭、九江之西。其一支度桂岭，则包湘源，而北经袁筠之地，以尽于庐阜。其一支自南而东，则包彭蠡之原，度歙黄山，以尽于建康。又自天目山分一支，尽于浙江西之山，皆自五岭赣上来，自南而北。闽广之山，自北而南。一支则又包浙江之原，北首以尽会稽，南尾以尽闽粤。此中国诸山祖宗支派之大纲也。

上特举天下山而言，未及水也。复辑山水总说于后云。按仁山金氏曰：天地常形，固相为勾连贯通，然亦各有脉络。自昆仑而东北言之，则自积石而北，为涅水、星海、青海，以至浩亹，皆河源也。入匈奴以东，为阴山。又东南，自代北、云朔，分而南趋，为北岳，以至太行，是为河北之脊。壶口、雷首、太岳、析城、王屋，皆其群峰。汾晋、涿易、滹漳、洹卫，则皆其诸水也。分而东趋者，行幽燕之北，为五关之险。以至营平而为碣石，此北络也。

自昆仑以东言之，则自西倾而洮水出自北，入河。恒水出其南，入江。又东，为朱圉、鸟鼠诸陇，则为渭之源。以北即夹河源而北。以东，若岍岐，若荆山诸峰，泾水、漆、沮诸源也。自渭以南，即西倾而下诸峰亘为络，南屹为太华，东北为殽陕，东南为熊耳、方外、嵩高、伊、洛之源。又南，为桐柏、淮源，以达于淮西诸山。此中络也。又自西倾朱圉而南分，是为嶓冢汉源，夹汉而趋者，北即终南、华、熊诸陇。南则蜀东诸峰。说者谓蜀东诸山皆嶓冢，正谓其冈岫绵亘耳。又东南言之，是为岷山江源，夹江而东者。北支即西倾以南，嶓冢以西之脉，为洹水，西汉水，如江陵诸源。其南支即南趋为蒙蔡诸山，青衣、大流、马湖、江诸源。又东包涪、黔，一盘而北，为三峡。其出者包络九江之源。中盘中为衡山。其再盘而北，为庐阜。其岭之东出者，又为袁、吉、章、贡、旺信诸江之源。至分水鱼梁岭，三盘而北趋，过新安，峙天目，尽升润。再盘之间，其水聚洞庭。三盘之间，其水聚彭蠡。三盘以东，则南为闽浙，北为震泽。此南络也。惟泰山则特起东方，横亘左右，以障中原。此所以为异与。又曰泰山特起东方，为中国水口表镇。禹贡道水略云："导河至同，为逆河，入于海。导漾至东，为北江，入于海。导江至东，为中江，入于海。导沇水至东北，会于汶，又东入于海。导淮至东，会于泗、沂，东入于海。导渭至东，过漆、沮入于河。导洛至东，会于伊，又东北入于河。此中国山水大势也。

中国三大干龙总览之图

朱子曰：河图言："昆仑者，地之中也。"《素问》曰："天不足西北，地不满东南。"《水经》云："昆仑取嵩山五万里。"看来不会如此远。盖中国至于阗二万里。于阗至昆仑无缘更有三万里。《文昌杂录》记于阗遣使来贡献。使者自言其地四千三百余里即昆仑山。今中国在昆仑之东南，而天竺诸国在其正南。大抵地形如馒头然，其尖则昆仑也。

九峰蔡氏曰：河北诸山，根本脊脉皆自代北寰武、岚宪诸州乘高而来。其脊以西之水，则西流以入龙门。西河之上流，其脊以东之水则东流而为桑干、幽冀，以入于海。其西一支，为壶口、泰岳。次一支，包汾晋之原而南出，以为析城、王屋。而又西折，以为雷首。又次一支，乃为太行，又次一支，乃为恒山。此大河北境之山也。其江汉南境之山，则岷山之脉，其北一支为衡山，而尽于洞庭之西。其南一支度桂岭，北经袁筠之地，至德安之敷浅源。二支之间，湘水间断，衡山在湘水西南，敷浅源在湘水东北。

朱子曰：天下之山，西北最高。自关中一支生下函谷，以至嵩少，东尽泰山。此是一支。又自嶓冢汉水之北，生下一支，至扬州而尽。江南诸山，则又自岷山分一支，以尽于两浙、闽广。

又曰：大凡两水夹行，中间必有山；两山夹行，中间必有水。江出岷山，岷山夹江两岸而行，那边一支去为江北许多去处，这边一支为湖湘南。又一支为建康，又一支为福建二广。

又曰：岷山之脉，其一支为衡山者，已尽于九江之西。其一支又南而东度桂岭者，则包湘源，而北经袁筠之境，以尽于庐阜。其一支又南而东度庾岭者，则包彭蠡之源，以北尽于建康。其一支则又东包浙江之原，而北其首以尽会稽，南其尾以尽于闽粤。

《朱子语录》云：佛经云：昆仑山顶有阿耨大池，水流四面出，东南流入中国者，为黄河。其三方流者，为弱水、黑水之类。

《东坡指掌图》云：西域在匈奴之西，乌孙之南。南北有大山，中央有河，东则接汉。所以玉门、阳关西，则限以葱岭。其南山东出金城，与汉南山属焉。其河有两源，一出葱岭，一出于阗。于阗在南山下，其河北流，与葱岭河合，东注浦昌海。其水停居，冬夏不增减。世皆以为潜行于地下，南出于积石山，为中国河云。

临川吴氏曰：水发自昆仑者，其源为最远。惟中国之河为然。汉之发源于嶓冢，江之发源于岷山以西，视他水亦可谓远，而非极于山脉初起之处，则不得与河源并也。故天下有源之水，河为第一。古人祭川，先河后海，重其源也。

朱子曰：女真起处有鸭绿江。传云："天下有三处大水，曰黄河，曰长江，曰鸭绿江是也。

蔡牧堂曰：凡山皆祖昆仑，分支分脉，愈繁愈细，此一本而万殊也。凡水皆宗大海，异派同流，愈含愈广，此万殊而一本也。临川吴氏曰：天下之山脉起于昆仑。山脉之所起，即水源之所发也。

《水经》云：**江水**出岷山，在蜀氐道县，大江所出，东南过其县北。岷山，即渎山也，水曰渎水。又谓之文阜山，在徼外，江水所导也。《益州记》曰：大江泉源，即今所闻始发羊膊岭下。绿崖散漫，小大百数，殆未滥觞矣。东南下百余里，至白马岭而历天彭阙，亦谓之天谷。秦昭王以李冰为蜀守。冰见氐道县有天彭山，两山相对，其形如阙，谓之天彭阙，亦曰天彭门。江水自此以上，至微弱，所谓发源滥觞者。

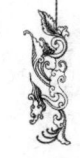

淮水 淮水出南阳平氏县胎簪山东北，过桐柏山。《山海经》曰：淮出余山，在朝阳东久乡西。《尚书》"导淮自桐柏。"《地理志》曰："南阳平氏县，王莽之平善也。"《风俗通》曰："南阳平氏县，桐柏大复山在东南，淮水所出也。"淮，均也。《春秋说题辞》曰："淮者，均其势也。"《释名》曰："淮，韦也，韦统扬州北界，东至于海也"。

河水 《春秋说题辞》曰："河之为言，荷也。"《释名》曰："河，下也。随地下处而通流也。"《考异邮》曰："河者，水之气，四渎之精也。"《孝经援神契》曰："河者，水之伯，上应天汉。"《新论》曰："四渎之源，河最高而长。从高注下，水流激浚，故其流忽。"徐干《齐都赋》曰："川渎则洪河洋洋，发源昆仑；九流分游，北朝沧渊。惊波沛厉，望海扬奔。"《物理论》曰："河色黄者，众川之流，盖浊之也。百里一小曲，千里一曲一直矣。"汉大司马张仲议曰："河水浊，清澄一石水，六斗泥。而民竞引河溉田。今河不通利，至三月桃花水至，则河决，以其壅不泄也。禁民勿复引河。"是黄河兼浊河之名矣。

《述征记》曰："盟津、河津恒浊，方河为狭，此淮济为阔。寒则冰厚数丈。冰始合，车马不敢过，须要狐行。云狐善听，冰下无声，乃过。人见狐行，方渡。"又《河水说》、《山海经》曰："河水出渤海。"又海水西北入。禹所导积石山，山在陇西郡河间县西南羌中。余考群书，咸言河出昆仑源，潜发沦于蒲昌，出于海水。故《洛书》曰："河自昆仑出于重野。"谓此矣。经积石而为中国河，故成公子安《大河赋》曰："览百川之弘北，莫尚美于黄河。潜昆仑之峻极，出积石之嵯峨。"释氏《西域传》曰："河自蒲昌潜行地下，南出积石。"而经文在此似乎不同。积石宜在蒲昌海下矣。

汉水 漾水，即汉水发源也。漾水出陇西氏道县嶓冢山东，至武都沮县为汉水。又东南，至广魏白水县西。又东南，至葭萌县东北，与漾水合，沔水即汉水。沔出武都沮县东狼谷中，沔水一名沮水。阚骃曰："以其初出沮洳然，故曰沮水。此县之受名焉。导源南流，泉街水注之。出河池县东南，流入沮县，会于沔。沔水又东南，径沮水成而东南流，注汉。而沮口所谓沔汉者也。《尚书》曰："嶓冢导漾东流为汉。"《山海经》所谓汉出鲋鮥山也。东北流，得献水口。庚仲雍云：是水南至关城，合西汉水。汉水又东，北合沮口，同为汉水之源也。故如淳曰："此方为汉水，为沔水。"故孔安国曰"漾水东流为沔",盖与沔合也。至汉中为汉水,是互相通称矣。

济水 济出王屋山,今孟州。始禹导水流而为济,截河南渡,东流与汶水会。又北,东入于海。兖州在济河之间,济发源为名。今济州乃发源也。济水自王莽时入河,同流入海,济河之地无济水矣。

论九州岛山镇川泽

按《周礼·职方氏》曰:东南曰扬州,其山镇曰会稽,其泽薮曰具区,其川三江,其浸五湖。正南曰荆州,其山镇曰衡山,其泽薮曰云梦,其川江汉,其浸颖湛。河南曰豫州,其山镇曰华山,其泽薮曰莆田,其川荥雒,其浸波溠。正东曰青州,其山镇曰沂山,其泽薮曰望诸,其川淮泗,其浸沂沭。河东曰兖州,其山镇曰岱山,其泽薮曰大野,其川河泲,其浸卢维。正西曰雍州,其山镇曰岳山,其泽薮曰弦蒲,其川泾、汭,其浸渭、洛。东北曰幽州,其山镇曰医无闾,其泽薮曰貕养,其川河、泲,其浸菑、时。河内曰冀州,其山镇曰霍山,其泽薮曰阳纡。其川漳拙长,其浸汾、潞。正北曰并州,其山镇曰常山,其泽薮曰昭余祁,其川呼池、呕夷,其浸涞、易。注曰:此九州岛岛岛川界。扬、荆、豫、兖、雍、冀,与禹贡略同。青州则徐州之地,幽并则冀州之地,独无梁云。

论三大干龙

朱子曰：天下有三处大水，曰黄河，曰长江，曰鸭绿江。今以舆图考之，长江与南海夹南条，尽于东南海。黄河与长江夹中条，尽于东海。黄河与鸭绿江夹北条，尽于辽海。此则自其水原极远者言之耳。若其分干之条犹多，难以尽举。如以江淮河汉四水论，则中干又自分三条。大抵河源极长，江次之，淮汉又次之。故有三条四列之说，不过概论其大而已。

论南条干龙脉络

按廖金精《金璧玄文》云："大江以南之龙，其脉起自岷山^{在茂州岷山县}。绕行向西，自西而南，至云南之境，又东趋夜郎，踰桂岭，至零陵，为九疑山，入桂连。"《撼龙经》云"五岭分星入桂连"是也。过大庚岭，出南雄山汀，从邵武抵信走徽，东行为天目山。一枝为钱塘。《经》云"一枝分送入海门"^{凡称经者，即杨筠松三龙经。后仿此}，又云"海门旺气连闽粤，南陇支龙交相缠。此是海门南脉络，货财文武交相错"是也。一枝为建康，尽江阴。《经》云"干龙尽在江阴滨"是也。一枝逆长江尽鄱湖。其水源，自蜀岷山至于九江，会彭蠡，下而过秣陵，出京口，以入于海。

论中条干龙脉络

　　大河以南，大江以北，乃中条干龙。其脉起自西倾在洮州临草县，行陇右，《经》云"山来龙右尖如削，尽是贪狼更高卓"是也。过凤翔，《经》云"行行退却大散关在凤翔府宝鸡县，百二山河在此间。大缠大护到函谷在宏农县，水绕黄河如玦环"是也。为长安。一枝出熊耳在高州，《经》云"低平渐渐出熊耳，万里平洋渐如砥"是也。为嵩岳，为汴，《经》云"大梁形势亦无山，到此寻龙何处是？若无河流与淮水，渺渺茫茫不见山"是也。此处脉乱于河，《经》云"黄河在北大江南，两水夹行势不绝。行到鲁齐忽起峰，兖州东岳插天雄。分枝擘脉钟灵气，圣贤多在鲁邦中"是也。一枝尽于沧棣，一枝尽于登莱。其水源则济水出绛州垣曲县，至孟州温县入河。复出河之南，溢而为荥。又东北，至于青州入海。自宋元以来，河水穿淮，黄河故道淤，而东岳泰山今在河北矣。

　　又一枝自嶓冢西行湄州、汉水之间，出武关，由裕过唐，抵信阳，行淮水之南，趋庐，行淮水之东，为扬，尽于通。

　　其水源，汉水出嶓冢，至汉阳县入江。淮水出桐柏山在唐州桐柏县，至淮安入海。此中干分而为二，故曰三条四列。

论北条干龙脉络

　　大河以北之龙，其脉起自昆仑。《经》云"昆仑山脚出阗颜阗音田，西戎国名，只只都是破军山。连绵走入瀚海北北海名，风俗强悍人粗顽。生儿五岁学骑射，骨鲠方刚是此间"是也。至白登山名，在大同府白登县，西一枝为壶口在隰州吉乡县、太岳在晋州霍邑。次一枝南出为析城在泽州阳城县、而又西折为雷首在河中府河中县。又次一枝为太行在怀梦河内，北至幽州，九岭绵亘一十二州之界，有八陉。又次一枝为恒山在定州曲阳县。又次一枝为燕山，尽于平滦碣石山在平州庐县。《经》云"若以干龙论大尽，太行碣石至海边。"是也。其水源则汾水，出管州管涔山，至绛州入于海。

　　以上中国诸山，皆始昆仑，分脉四列，以遍九州岛。北条出河北，入云中，过雁门、代郡，复回南而太原帝邱，循太行、恒山，派九河。东北渡辽海以入于海，为冀燕之分。中条出河南，自秦、陇、三辅入丰、沛、汾、晋，派伊、洛，东而淮泗，以入于海，为雍、豫、青、徐之分。南条出江南，自陕右分出西鄙，回巴蜀、踰荆衡，入黔中。东而匡阜，南极岭。复东北，渡闽粤，跨三吴，自浙右以入于海。为梁、荆、扬之分。此三干之布于九州岛岛岛也。三干之龙，中干为最尊。次北干，又次南干。历代以来，如汉高祖之泗上，汉光武之白水村，宋太祖之夹马营，我太祖之钟离乡，我世宗肃皇帝之龙飞承天，皆在中干。而唐虞之君，俱为北产。南干至宋高宗南渡来，运气方兴，萃产朱子，为万世儒宗。而迩来人物，东南颇多，其最长者为金陵，我国朝根本重地，太祖高皇帝龙兴之几也。中干之最长者尽东泰，翻身顾祖，东海外荡，河江前回。萃产孔圣，及贤贵凝聚。宋末河徙，截其来脉者三，会通河复加截之，其力遂微。而中干之旺气乃萃于四州凤阳。

我皇朝熙祖仁祖二陵在焉。按王文禄《龙兴慈记》云："泗州有杨家墩，墩有窝。熙祖尝卧其中，有二道士过，指卧处曰：'若葬此，出天子。'其徒曰：'何也？'曰：'此地气暖。试以枯枝栽之，十日必生叶。'告熙祖起曰：'汝闻吾言乎？'熙祖佯睡。乃以枯枝插之去。熙祖候之十日，果生叶。熙祖拔去，另以枯枝插之。二道士复来。其徒曰："叶何不生？"是时熙祖在傍，睨之。道士指曰：'必此人拔去矣。'熙祖知不能隐。道士谓之曰：'汝有福，殁后当葬此，出天子。'熙祖语仁祖。后果得葬，葬后土自壅为坟。半载，陈太后孕太祖，皆言此墩有天子气。

仁祖徙凤阳，生太祖于盱眙县钟离灵乡，方圆丈许，至今不生草木。仁祖崩，太祖奉神柩至中途九龙岗，风雨大作，索断，土自壅成坟。人言葬九龙头上。"按松江徐长谷大地图云："熙祖陵龙脉发自中条，王气攸萃。前潴水成湖作内明堂。淮河、黄河合襟作外明堂。淮上九峰插天，为远案。黄河西绕。元末，东开会通河复绕之，而圣祖生矣。"

仁祖陵即吴景鸾献宋室者。宋不能用，盖天留以待我皇朝之厚福无疆也，岂偶然哉？北干最长，为燕京，今京师也。朱子曰："冀都是正天地中间，好个大风水。山脉从云中发来。云中正高脊处，自脊以西之水，则西流入于龙门、西河；自脊以东之水，则东流入于海。前面黄河环绕。右畔是华山耸立，为虎。自华来至中为嵩山，是为前案。遂过去为泰山，耸于左，是为龙。淮南诸山是第二重案，江南诸山及五岭南安大庾岭、桂阳骑田岭、九真都庞岭、临贺萌渚岭、治安越城岭是也。又为第三四重案。"正谓此也。

吴兴唐子镇以燕京为枝结，谓朱子所论冀都指作尧都，非也。彼盖未考舜分冀东为幽州，而幽燕古通称冀耳。倘如所指，则朱子又何复曰"尧都中原，风水极佳，左河东太行诸山相绕，海岛诸山亦皆相向"云云？此不待辨说而明矣。故邱文庄公《循义补》直以朱子所称为今京师，诚确见也。其以燕京为枝结者，不为妄谈乎？夫南干正结为南京，及我太祖高皇帝孝陵在焉。中干正结为我熙祖泗州、仁祖凤阳二陵。中结为我承天献宗皇帝显陵。北干正结为今日京师暨天寿山昌平州列圣陵寝。三干之尽，惟我朝独会其全。回视唐虞以来，或得正干之一，或得分干之一者，亦能衍数百年之基，则我皇朝三大干之全福力量，真亿万斯年可预卜于兹也。草茅之士，躬逢其盛，宁不为圣朝之深庆哉。

地理人子须知卷二

江右德行山人 徐善继 徐善述 同著

　　此一册专论天下古今帝都及星垣所合形势。非人子求风水者之事。但欲论地，必先识大干龙。而大干龙之所钟，必天下大都会大垣局，亦君子所当知者，爰辑其大概于左。

论帝都

　　夫地理之大，莫先于建都立国。稽古之先哲王，将营都邑，罔不度其可居之地以审其吉凶。如公刘将居豳也，其《诗》曰："于胥斯原"。太王将居岐也，其《诗》曰："聿来胥宇。"武王将居镐京，其《诗》曰："宅是镐京。"成王将营洛邑，《书》曰："召公既相宅。"卫文公将营楚丘，其诗曰："升虚望楚。"见于经者如此，则宅都诚不可不重也。虽然，张子微有云："帝王之兴也，以德而不以力；其守也，以道而不以地。"尧舜圣人，其所建立，未必虑及于风水之说。

　　但圣人之兴，自合造化，圣人所作，动为法则，风水固不拘，而密协于龟卜，即天造地设之自然者也。故《易》曰："王公设险以守其国"，此理固先天地而有，即风水之攸始矣。予尝稽诸历代建都之地，得正龙之所钟而合天星之垣局者，则传代多，历年久；非其正龙而不合星垣者，则皆随建随灭，岂非地理之明征乎。谨将历代建都之所详录以备参考云尔。

历代帝都考

历代帝都之图

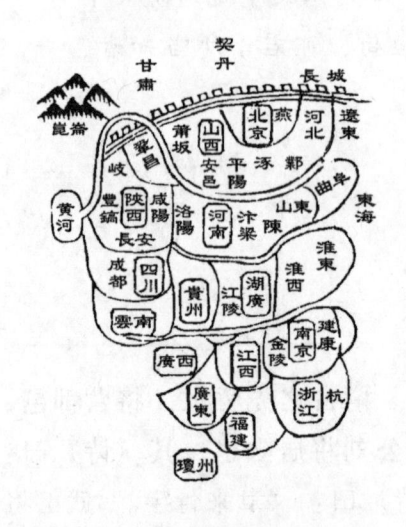

伏羲都陈^{今河南开封府陈州}，在位一百一十五年。

神农都陈，徙曲阜，在位一百四十年。

黄帝都涿鹿，传四世，共三百九十年。

尧都山西平阳，在位七十二年。

舜都蒲坂^{今山西蒲州}，在位六十一年。

禹都安邑^{今山西安邑县}，传十七世，共四百五十八年。

汤都亳^{今河南归德府}，传二十八世，共六百四十四年。

周都镐^{关中}，东迁洛阳，传三十七世，共八百七十三年。

秦都咸阳^{今陕西西安府}，传三世，共称帝一十五年。

西汉都关中^{今陕西西安府}，传十二世，共二百一十四年。

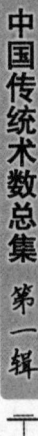

东汉都洛阳^{今河南府}，传十二世，共一百九十六年。

三国汉都成都^{四川}，二主，四十三年；魏都邺，五主，四十六年；吴都建康，四主，五十二年。

西晋都洛阳^{今河南府}，传四世，共三十七年。

东晋都建康^{今应天府}，传十一世，共一百四年。

南朝宋、齐、梁、陈皆都建康，宋八帝，五十九年；齐五主，二十三年；梁四主，五十六年；陈五主，三十三年。

隋都长安^{今陕西}，传三世，共三十八年。

唐都长安，传一十八世，共二百六十九年；昭宗徙洛阳，传二世，共十八年。

宋都汴^{今河南}，传九世，共一百六十七年；高宗徙杭，传九世，共一百五十三年。

元都燕^{今京师顺天府}，传九世，共八十八年。

明太祖高皇帝都金陵^{今南京应天府}，成祖文皇帝徙燕^{今京师即元故都}。

论帝都必合星垣

夫帝都者，天子之京几，万方之枢会。于以出政行令，莅中国，抚四夷，宰百官，统万民，天下至尊之地也。地理之大，莫先于此。必上合天星垣局，下钟正龙王气，然后可建立焉。盖在天为帝座星宫，在地为帝居都会，亦天象地形自然理耳。杨筠松云："大抵山形虽在山，地有精光属星次。体魄在地光在天，识得星光真精艺。"故为地学，奚直俯察地理已哉！又须仰观天文，始尽其奥。按《天文志·浑象》：中外官星凡二百四十六名，千二百八十一星。微星万一千五百二十，分布中外为垣者，曰紫微、太微、天市。垣之中皆有帝座，凡建都处，山川形势，须与此合。杨筠松云："要识垣中有帝星，皇都坐定甚分明。"廖金精云"帝都必要合星垣，紫微在中天。其次太微与天市，皆有帝座位"是也。今以三垣天星地形述后。外少微垣为士大夫权天帝文章之府。天苑、天园为天子养兽植菓之所。虽亦有垣，而无帝座正位，地形纵合，亦非统一寰宇，享有久远之都在。

　　按《天文志》，中天北极紫微星垣，天皇之宸极，太乙之常居也。北极五星正临亥地，为天帝之最尊，所以南面而治者也。三光迭运，极星不移。孔子所谓"北辰居其所而众星拱之"是也。后有四辅四星居壬，勾陈六星居干，天纲八星居戌，华盖九星居北，阁道五星居癸，咸池五星居丑，八毂八星居艮，天将军四星居寅，内陛六星居甲，司命六贵人在震，三师三星在乙。又有天理四星居辰，五诸侯五星居巽，内厨二星居巳，四贵人四星临丙，帝座二星居午，大理二星居丁，天枪三星居未。天床三星居坤。天梧五星居申，阳德、阴德二星居庚。内屏二星居兑。天乙、柱史、女史三星居辛。而有左卫七相、右卫七将以藩屏帝室。泰阶、六符辅治北斗七政以翼垣。此紫微垣星局之悬象于天者也。

　　《步天歌》：中元北极紫微宫，北极五星在其中。大帝之座第二珠，第三之星庶子居。第一号曰为太子，四为后宫五天枢。左右四星是四辅，天以太乙当门路。左枢右枢夹南门，两面营卫一十五。上宰少尉两相对，少宰上辅次少辅。上卫少卫次上丞，后门东边大赞府。门西唤作一少丞，以次却向前门数。阴德门里两黄聚，尚书以次其位五。女史柱史各一户，御女四星五天柱。大理两星阴德边，勾陈尾指北极颠，勾陈六星六甲前。天皇独在勾陈里，五帝内座后门是。华盖并杠十六星，杠作柄象盖伞形。盖上连连九个星，名曰传舍如连丁。垣外左右各六珠，右是内阶左天厨。阶前八星名八穀，厨下五个天棓宿。天床六星左枢右，内厨二星右枢对。文昌斗上半月形，稀疏分明六个星。文昌之下曰三公，太尊只向三公明。天牢六星太尊边，太阳之守四势前。一个宰相太阳侧，更有三公相西偏。即是天戈一星圆，天理四星斗里暗。辅星近着闿阳淡，北斗之宿七星明。第一主宰名枢精，第二第三璇玑星，四曰权星第五衡，闿阳摇光六七星，摇光左三天枪明。

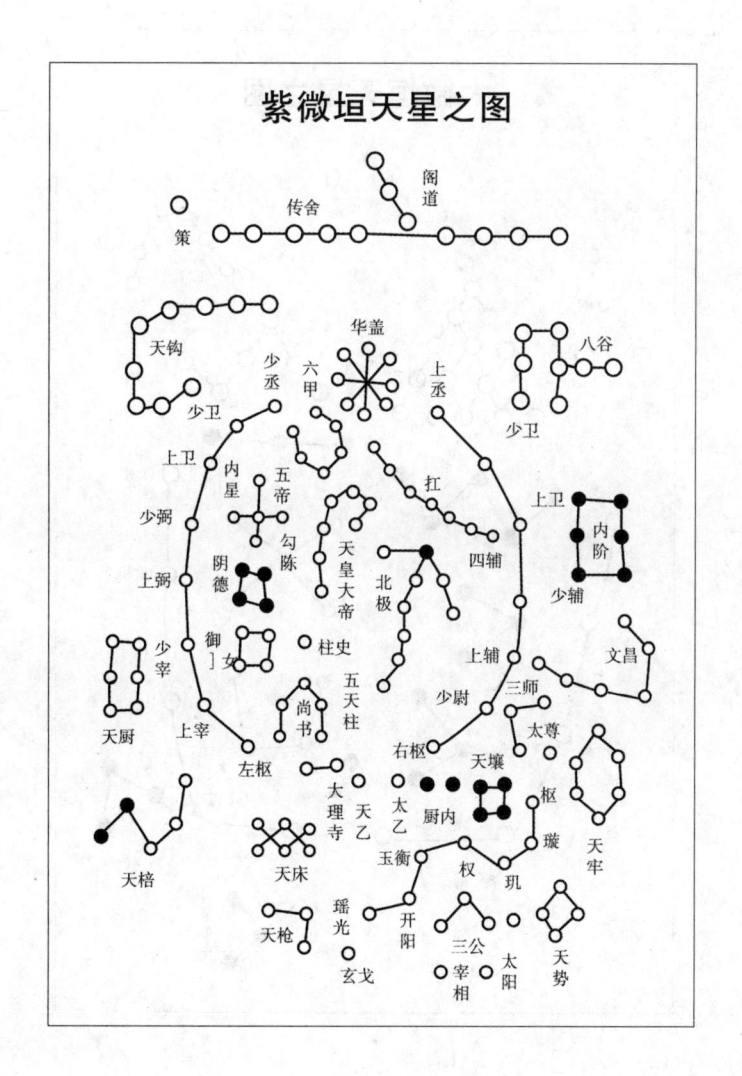

紫微垣天星之图

人子须知（上）

上紫微垣列形于地之局势大略也。杨筠松云："紫微垣外前后门，华盖三台前后卫。中有过水名御沟，抱城屈曲中间流。"又云"直朝射入紫垣气"。廖金精云"紫垣西藩星有七，东藩八星出。华盖杠星在后门，天床前面陈。中央一水直朝入，抱城九回屈。万山簇拥昼朝迎，拱极不虚称"是也。

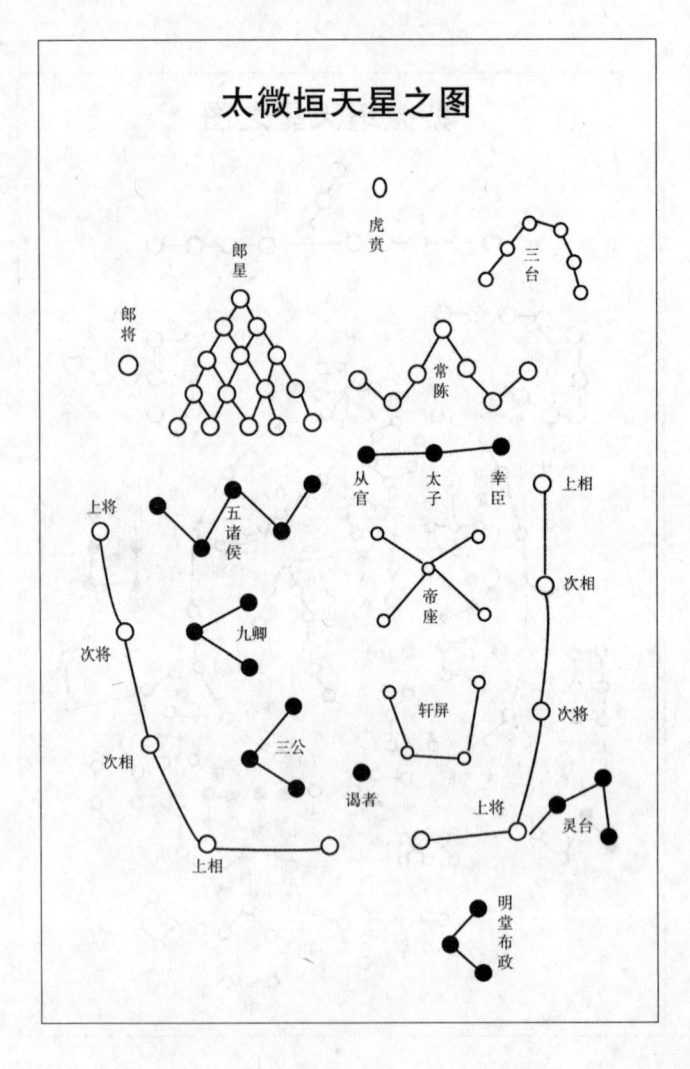

太微垣天星之图

紫微垣地形之图

上南宫太微星垣，三光之庭，天帝受厘告功之室也。中有五帝座，正居北地。太乙、五尚书正居巽地。内有郎官、即位、三公、谒者、九卿、五侯以辅导帝极。前有明堂三星居巳，灵台三星居午，常陈为耳目之官，西将、东相各四星为藩垣。东华、西华为门掖。掖左右二星为执法。后有太阳守、太阴守各二星，为卫。前有张、翼、轸三宿为侍，此太微垣星局之悬象于天者也。

《步天歌》：上元天庭太微宫，昭昭列象在苍穹。端门只是门之中，左右执法门西东。门左皂衣一谒者，以次则是乌三公。三黑九卿公背旁，五黑诸侯卿后行。四个门星主后屏，五帝内座于中正。幸臣太子并从官，乌列帝后从东定。郎将虎贲居左右，常陈郎位屈其后。常陈七星勿相误，郎位陈东一十五。两面宫垣十星布，左右执法是其数。宫外明堂布政宫，三个灵台候云雨。

下太微垣列形于地之局势大略也。杨筠松云"方正之垣号太微"。又云"横城水绕太微势"。又云"东华西华门水横，水外四围列峰位。此是垣前执法星，却分左右为兵卫。"廖金精《泄天机》云"太微垣局最方正，左右执法并。西藩上将次将先，次相上相连。东藩上相及次相，次将与上将。两藩九门分十星，一水绕城横"是也。

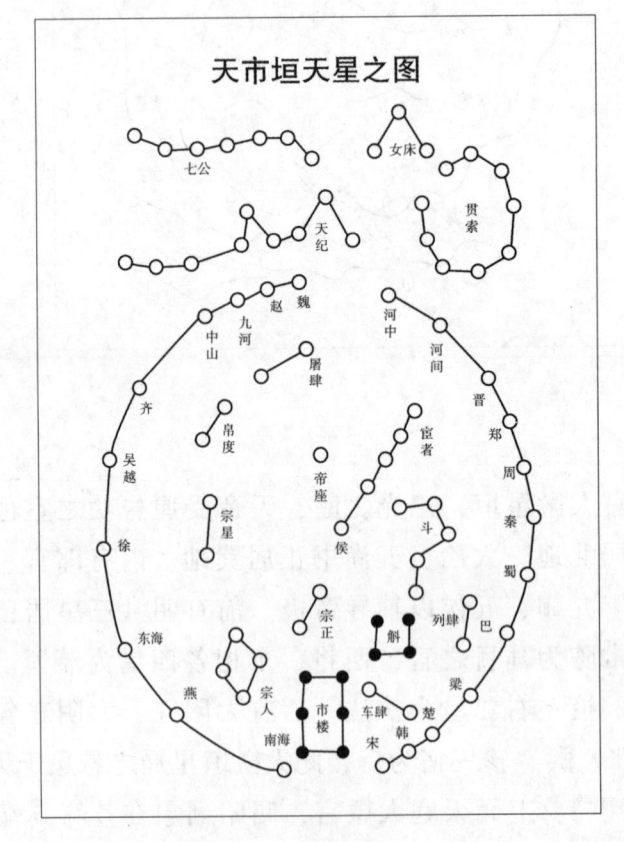

天市垣天星之图

下东府天市星垣，天帝泉货之府也。中有帝座，正临艮地。有秤、斗、车、舟、府库、市楼、市肆以贯其中，贯索、宗人、左右侍卫。匡卫《列国分野二十二星》曰：宋、南海、燕、东海、徐、吴越、齐、中山、九河、河间、晋、郑、周、秦、巴、蜀、梁、楚、韩、西河等藩以列四方。贵人一星旁照庚地，为捍卫库之宫。司命一星正临丁位，为五福寿命之司。此天市垣星局之悬象于天者也。

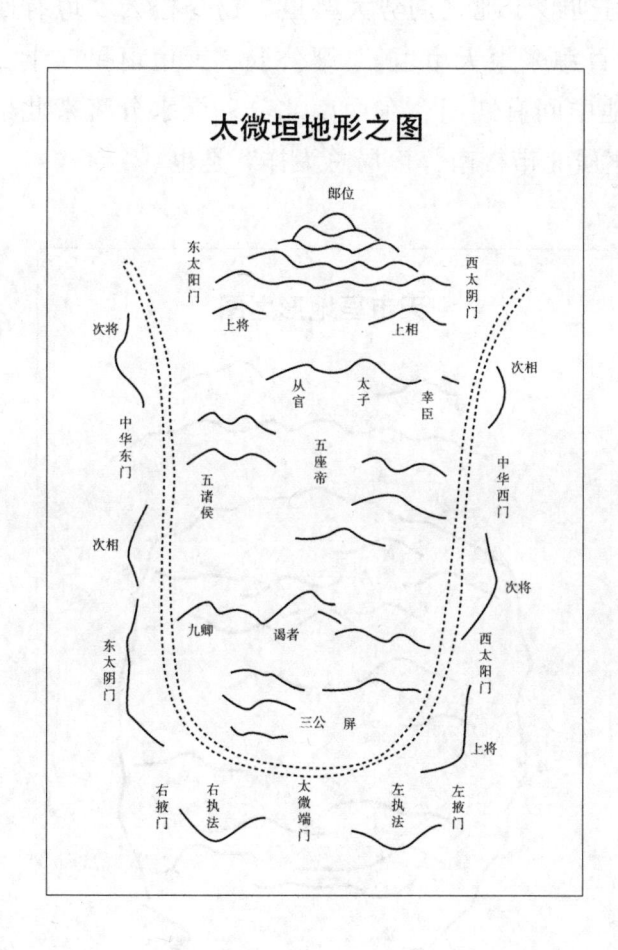

太微垣地形之图

（图中标注：郎位、东太阳门、西太阴门、上将、上相、次将、次相、从官、太子、幸臣、中华东门、中华西门、五诸侯、五座帝、次相、次将、西太阳、东太阴门、九卿、谒者、三公、屏、上将、右掖门、右执法、太微端门、左执法、左掖门）

人子须知（上）

《步天歌》：下元一宫名天市，两扇垣墙二十二。当门六个黑市楼，门左两星是车肆。两个宗正四宗人，宗星一双亦依次。帛度两星屠肆前，侯星还在帝座边。帝座一星常光明，四个微茫宦者星。以次两星名列肆，斗斛帝前依其次。斗是五星斛是四，垣北九个贯索星。索口横者七公成，天纪恰似七公形。数着分明多两星，纪北三星名女床。此座还依织女旁，三元之象无相侵。二十八宿随其阴，火水木土并与金，以次别有五行吟。

下天市垣列形于地之局势大略也。杨筠松云"垣有四门号天市。"又云"百源来聚天市垣。"廖公云"天市垣星二十二，名参国与地。国地中间有四门，东西南北分。众水分流来此聚，大河在东注。帝座居北市楼南，垣局总为祥"是也。

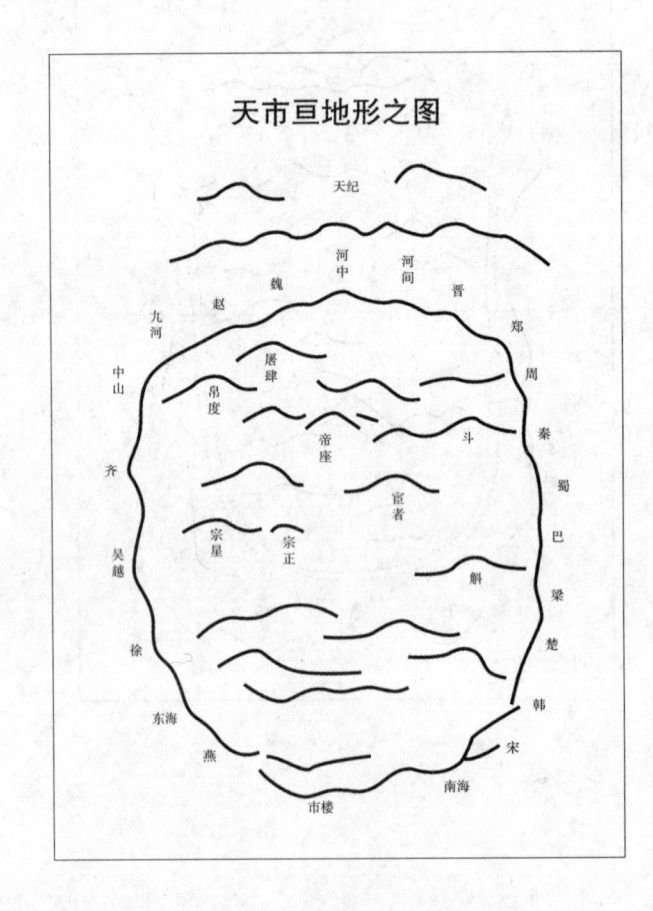

天市亘地形之图

已上三垣天星之图则本于《天文志》，地形之图则本于廖金精《金璧玄文》，兹特合而一之，庶易于考索。然亦不必深泥图局形象，胶柱鼓瑟。但依经文，以山形水势取之。如曰"紫微垣外前后门"，"华盖三台前后卫"，"方正之垣号太微"，"垣有四门号天市"。又曰"直城射入紫微气"，"横城水绕太微势"，"百源来聚天市垣"之类，则以山水形势之大象言之，杨筠松固已说得明白。其他星宿形象，又不必尽泥也。

论北龙所结帝都垣局

北龙有燕山，即今京师也。以燕然山脉尽于此，故曰燕山。昔昭王筑黄金台以招贤者，因又称金台。古冀州地。舜分冀东北为幽州，故又谓之幽都。《朱子语录》：冀都，天地间好个大风水！脉从云中发来，前面黄河环绕，泰山耸左为龙，华山耸右为虎，嵩山为前案，淮南诸山为第二重案，江南五岭诸山为第三重案。故古今建都之地，皆莫过于冀都。就朱子所谓风水之说观之，谓无风以散之，有水以界之也。冀州之中，三面距河处，是为平阳、蒲坂，乃尧舜建都之地。其所分东北之境，是为幽州。太行自西而来，演迤而北，绵亘魏、晋、燕、赵之境，东而极于医无闾。重开叠阜，鸾凤峙而蛟龙走，所以拥护而围绕之者，不知几千万里也。形势全，风气密，堪舆家所谓藏风聚气者，此地有之。其东一带，则汪洋大海。稍北，乃古碣石沦入海处。稍南则九河既通，所归宿之地，浴日月而浸乾坤，所以界之者，又如此其直截而广大焉。堪舆家所谓"得水为上"者是也。

人子须知（上）

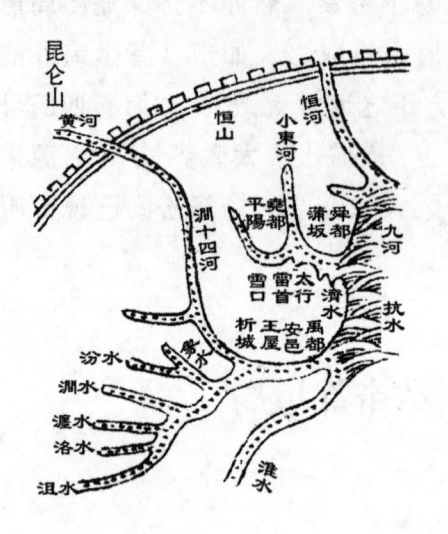

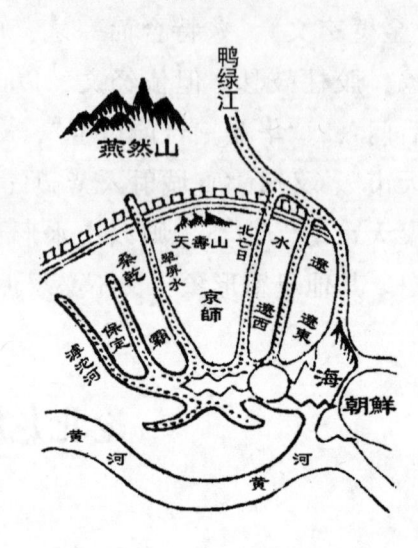

平阳图

昆仑山　黄河　恒山　恒河　小东河　平阳　尧都　蒲坂　舜都　九河　溯十四河　雪口　雷首　太行　济水　挟水　析城　王屋　安邑　禹都　汾水　沁水　漳水　洛水　沮水　淮水

燕山图

鸭绿江　燕然山　北七日水　天寿山　翠屏水　桑乾　京师　辽西　辽东　保定　滹沱河　黄河　海　朝鲜

　　按：此皆以风水之美言之也。若以形胜论，则幽、燕自昔称雄，左环沧海，右拥太行，南襟河济，北枕居庸，苏秦所谓天府百二之国，杜牧所谓王不得不可为王之地。故我成祖文皇帝，睿意建都于此，良谟远猷，岂凡愚之所能及哉！然当时未必虑及风水之说，而默契若此，是盖圣王之兴，动与法合，天地造化，有自然相符之理。昔尧舜禹三圣之都皆北龙。今我朝几甸亦北龙，而形胜与风水法度又皆迈之，宜其驾唐虞，迫二代，全盛如此，是固我列圣之茂德神功鸿休骏烈之不可及。然地理之应亦或然也。愚何幸，躬逢其盛。

　　北龙之次，有平阳、蒲坂、安邑，亦冀境，乃尧舜所都之地。
　　按：朱子曰："河中地形极好，乃尧舜禹故都。虽然，尧舜禹圣人，道化天下，未必系于风水。然天造地设，亦自然默契之理，有不可诬者。但今风水变迁，王气销竭，无复可都矣。

论中龙所结帝都垣局

　　中龙有关中曰丰、曰镐、曰咸阳、长安，皆今陕西地，通曰关陕，古雍州也。杨筠松云"关中原是太微垣"，又曰"长安落在垣宿中。"盖中干之尊也。其龙发于昆仑。《经》曰："黑水绵络西河，横山始起祖宗，转荥、貊、泽，自西而东，尽于雍州。"张张子微曰："长安之龙起于横山，其山皆黄石，绵亘八百余里，不生草木。及至雍州之地，泾水出安定，在雍州之西，自西而南入渭水。而北是为渭、汭。渭水出鸟鼠同穴，西为雍州之西山。汉以娄敬、张良之议，遂因其故都而都之，传十二帝，历二百一十四年。其后，唐又都之，传十八帝，历二百六十九年。中龙之次有洛阳，即周营洛邑之地也。前值伊阙，后据邙山，左瀍右涧，洛水贯其中，以象河汉。此紫微垣局也。张子微曰："洛邑是飞龙格势，脚手本自分明，迎送却从外假合。凡大地，迎送皆取诸外而不取诸本身。所谓本身手脚，一曲屈萦回辄五六十里，或七八十里，故人不见其为手足。况远外迎送，其得见乎？此其平夷之地，一望无际，惟审其水源而后识之也。

　　中龙之又其次者，有汴梁。其龙自熊耳至此，平坦万里。大河在其北，淮河在其南，亦天苑垣也。五代梁、汉、晋、周皆都于此，年代不永。宋都之，传九帝，历一百六十七年而南迁临安。是时汴梁在河之南，犹差可取。

论南龙所结帝都垣局

金陵图

南龙有金陵，即今之南京，我太祖高皇帝建都之地也。战国楚威王时，以其地有王气，埋金以镇之，故称金陵。吴曰建业。晋曰建康。其形势，前辈谓与洛阳同。廖金精云："建康形势洛阳同，王气古云钟。"盖紫微垣局，南干之尽也。诸葛孔明谓钟山龙蟠，石城虎踞，真帝王都。昔始皇见金陵有王气，东游以压之。其后三国吴都之，传四世。东晋又都之，传十一世，历百余年。南朝宋、齐、梁、陈、南唐皆都之，而年代不永，盖以其虽合垣局，而垣气多泄，故尔。杨筠松云"长江环外有三结，垣前中水列。垣中已是帝王都，只是垣城气多泄"是也。若以形胜论之，则江限南北，古今恃为天险。朱子曰："东南论都，必要都建康者，以建康正诸方水道所凑，一望则诸要会地都在面前，有相应处。"刘诚意谓"襟带长江，势甚险固。"

南龙之次有临安城。其龙脉自天目山入钱塘，而海门有龙虎二山在其中。郭景纯纪云："天目山前两乳长，龙飞凤舞到钱塘。海门更点巽风起，五百年间出帝王。"《经》云："海门环合似天市，天目天池生侍卫。万里飞来垣外挹，海外诸峰补垣气。"廖金精云："大江以南天目峙，海门似天市。"故临安亦天市垣耳。若以形胜论之，则僻处一隅，朱子谓"如入屋角房中，坐视外面，殊不相应。"宋高宗南迁建都于此，其卜相京几国师，吾邑传公少华伯通也。有临安行在表，谓其地只可驻跸，不宜建都，不过偏安之地。且主奸相弄权，武臣多咎。后宋竟未能恢复，而奸相如秦桧、贾似道诸人迭出，皆操弄国柄，武臣多不善终，果符傅公之言。

已上建都之地，其大概如此。唐虞之都，以河溢为患。周洛邑以备守之难。大梁平夷无险。临安僻处一隅。金陵形胜虽优，而垣气多泄。两淮龙气大尽，而地势卑下。东鲁中干虽尊，而已钟孔圣。且今河水穿龙，皆非建都之宜。他如许昌、成都、南粤等处不足论矣。惟我京师为上，而关中次之，东汉所都之洛又次之。虽然，圣帝明王，要必有所重也。昔魏武侯浮西河而下，中流顾谓吴起曰："美哉！山河之固，魏国之宝也。"起对曰："在德不在险。昔三苗氏左洞庭，右彭蠡，禹灭之。桀之居，左河济，右太华，伊阙在其南，羊肠在其北，汤放之。纣之国，左孟门，右太行，恒山在其北，太河经其南，武王杀之。若不修德，舟中之人皆敌国也。"武侯善之。愚谓君子不以人废言。起虽不足道，若斯者诚确论哉！

不然，秦、隋尝都关中矣，金、元尝都燕京矣，风水之美，形胜之固，何独于彼不验哉！是故风水之说在于地，固有国者所当择。而祸福得丧之机存乎人，尤有国者所当慎也。

地理人子须知卷三

<small>徐善继</small>
江右德行山人徐善述 同著

此篇专论干龙枝龙。夫龙之枝干，形势不一，苟无真见，则登山汗漫，贸贸莫分。且辨龙枝干，乃地理第一关键。此而不知，则大本已失。如宫墙外望，不得其门，何由升堂以入其室乎？故首论枝干，盖亦开关启键意也。

枝干总论

夫干龙枝龙者，乃龙之有大有小，犹木之有干有枝也。盖干为木之身，而枝柯所附以立。枝为木之衍，而条叶所自以蕃。论龙大小，取象莫辨于此。但枝干之中，又各有大小之别。故有大干龙、小干龙、大枝龙、小枝龙。

所谓干中有干，干中有枝；枝中有干，枝中有枝是也。吴国师有云："枝干明而嫡庶分，嫡庶分而力量见。"故论龙不可不辨枝干，论枝干又不可不辨大小，以审其力量之轻重也。然审辨之法，以水源为定。故大干龙则以大江大河夹送，小干龙则以大溪大涧夹送，枝龙则以小溪小涧夹送，小枝龙则惟田源沟洫夹送而已。杨筠松云"水源亦自有长短，长作军州短作县"是也。故观水源长短而枝干之大小见矣。然此亦惟举其大纲言之。至于节目之详，即其行度形势，亦自有别。具见下文。

论干龙

夫干龙有二，前所云大干小干是也。所谓大干龙者，即干中之干者也。其祖皆出名山，跨州连郡，延几千百里，乃正气所聚，钟灵孕秀，颖异殊常，复然高广，而每有云雾发现。《经》云"先寻雾气识正龙"，又云"寻龙望气先寻脉，云雾多生在龙脊。春夏之交与二分，夜望云霓生处觅"是也。

盖干龙之祖极高大，故每有云雾生其巅。此察识干龙祖宗之大法也。知其祖，又当于离祖分行，审其出身。耸拔雄伟，气势宏大，规模尊重，如王者驾出而百职皆随，如大将赴敌而三军听命，巍峨卓异，岂若枝龙之出身，惟以细嫩活动，逶迤磊落为美哉！及其出身以来，则多牵连而行，不起星峰，惟两旁枝脚、护卫、关峡等山，则星峰耸拔。俗眼不识干龙形体，惟以星峰秀丽为爱，纵有所得，不过枝叶小穴而已。岂知正干龙禀气浑厚，不起正体星辰。

《疑龙经》云："寻龙何处使人疑，寻得星辰却是枝。枝叶乱来无正穴，真龙到处又疑非。只缘不识两边护，却爱飞峰到脚随。飞峰斜落是龙脚，脚上生峰一边卓。真龙平处无星峰，两边生峰至难捉。"又云："疑龙何处最难疑，寻得星峰却是枝。关峡从行并护托，蠢蠢旗枪左右随。干上星峰全不作，星峰龙法尽虚辞。"又云："凡有好山随干去，枝龙尽处有旗枪。旗枪也是星峰作，圆净尖方高更卓。就中寻穴穴即无，干去未休枝早落。"又云：

"问君州县大干龙，似浪横江那有峰？起峰皆是两边脚，去为小穴为村落。"又云："两边起峰为护从，正龙低平最贵重。"又云"干龙身上不生峰，有峰皆是枝叶送"是也。故凡干龙，不可以星体拘之。惟是崇山大垄，如白浪涌波，层峦叠嶂，牵连而行，或百余里，或七八十里，或二三十里只一断。

而断处必是驿路通衢，人迹络绎不绝之处。古人以人迹往来多寡验峡之大小，以峡之大小定龙之大小，诚为有理。盖干龙脊脉，多为疆域界限，故其过峡断处，必是省郡通衢。然其断亦有一伏或十余里，或数十里平坦，了不知其去，而踪迹诡异。或穿田渡坂，而有藕断丝连；或石梁渡水，而为崩洪过脉；或抛踪闪迹，而有马迹蛛丝；或撒落平田，而藏形隐迹。前去忽起高山，又复牵连而行。行而又断，断而复起，延蔓广袤，横亘连绵，极其长远，或千余里，或数百里。《经》云："寻龙千里非迢递，其次五百三百里。"

张子微云："大龙千里费推寻，一二百里作郡邑。"廖金精云"干龙住处分远近，千里为大郡。二三百里可为州，过此即封侯。百里只堪为县治，下此为镇市"是也"。故干龙之行度，极其长远，愈长远则力量愈大。其分去之龙，亦随其正干之大小而有差别。如正干龙去作京师，则其龙身分去小干为省城，而省城龙身分去为郡邑，郡邑龙身分去为乡村市井之类。

《龙髓经》云"大龙行度自非常，离祖生来手脚长。横亘铺舒千百里，至微三百里中藏。一弯一㲼皆开广，终日循行尚未央。细叶犹为府州县，巨枝几甸植君王"是也。且其从山及枝脚桡棹，皆有融结。爰是干龙，气势雄大，布置精巧，故随从之龙，与本身透漏，皆能有穴。张子微云"手脚桡棹皆有穴，此是大龙多余气"是也。然此等大龙，亦有行至将结穴处无手足桡棹，撒落平阳，单行独出。而一屈一曲，动数十里，隔州隔水之山，远来迎接，在数十里外，自相照应。

《龙髓经》云："不知大龙百十里，临到作穴如蛇爬。单单湾环数十程，无手无脚如流水。若论缠护隔溪港，一望遮来数十里。若拘缠托与桡棹，不知此龙何者是。"故干龙入首，必是外山隔水为迎为送，为缠为托。张子微云："小地结果论迎送，大地迎送隔江水。"杨筠松云："大凡干龙行尽处，外山隔水来相顾。"《发挥》云"譬之大贵人将至，不是自己带来护卫，乃是千百里外系指挥。部属之人，翕然聚集，刻日限时，罔敢不至"是也。

《雪心赋》云："求吾所大欲，无非逆水之龙。"此特枝龙而已。干龙两水夹送，安有逆水？惟是将及入首，翻身逆水，数十里或数里数节结穴为妙。所谓"顺势翻成逆势"是也。其结穴际，必然山水大会，或山大曲，水大转，而水口交固，明堂平广，左右周回，内局团聚，外阳宽畅，水朝山拱。有此形势，即可寻穴。

《经》云："凡山大曲，水大转，必有王侯居此间。"又云"到此先看水口山，水口交牙内局宽。便就宽容平处觅，左右周回无空闲。断然有穴在此处，更看朝水与朝山"是也。然干龙正脉，将及结穴，必然连断几断，脱卸杀气，方有融结。不然，则撒落平洋结聚为佳。皆须依近大河耳。虽是依近大河，却不暴头露面，必居拥从之中。

《龙髓经》所谓"万卒影从成禁卫，千官环列是朝廷。"谚语云"好地如闺中美女"是也。亦有翻身朝祖而结穴者，《经》云"请君看水交缠处，水外有山来会聚。翻身顾母顾祖宗，此是回龙转身处。宛转回龙似挂钩，未作穴时先作朝。朝山皆是宗与祖，不拘千里远迢迢"是也。亦有不回转而直受结穴者。

《经》云"也有干龙来两水，更不回身直为地。只是两护必不同，定有缠关交结秘"是也。亦有横落入首，借鬼安穴者。《经》云"干龙若是有鬼山，横转一边宽处安"是也。虽是数等结穴不同，要之，皆必以两河交剑处为尽。而其正受之穴，又不可以大穷尽处求索。《经》云："君如寻得干龙穷，二水相交穴受风。

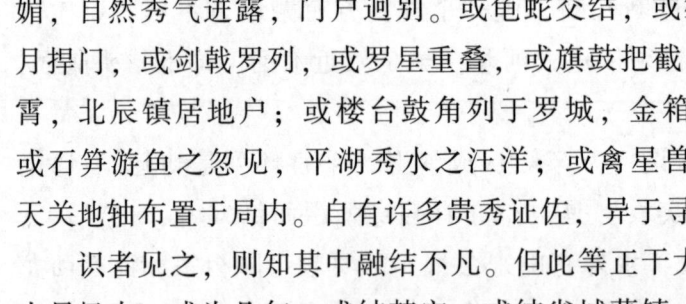

风吹水刼却非穴，君如到处是疑龙。"又云："大地皆从腰里落，回转余枝作城廓。"范越凤云"大贵大富之地，必不在大穷尽处。大穷尽处多是风吹水刼"是也。故干龙气势雄盛，结穴之外，必有余气之山，或去数十里，或去数里，皆暗拱，为正穴用神，或作下手，或作托乐，或反绕于身为关峡，或奔走于水口为门户之类。其间又各有小穴，随其力量，皆有发越，然莫得与正结比耳。但此等干龙正结之穴，天珍地秘，多是丑拙隐怪，或在高山而结仰高天巧，或落平地而结藏龟没泥，或为骑龙，或为石巧，奇踪异迹，隐晦殊常。或有沙水飞走，或有杀气错杂，或有曜星奔窜，或有毡褥铺展，或有元辰直长，故多有不利初代，及公位不均，离乡远去等事。

惟龙真而不可舍，穴的而不可移，乃是造化无全功，亦须扞葬，不必以小嫌而去大地。但此又当详审精察，切勿被图大所惑。盖庸师多以龙真穴拙之说籍口，乱下有龙无穴凶恶假地，悮人最甚。大抵干龙真穴，虽是隐怪，却是颖异，如玉蕴山辉，珠藏渊媚，自然秀气迸露，门户迥别。或龟蛇交结，或狮象盘旋，或日月捍门，或剑戟罗列，或罗星重叠，或旗鼓把截。或华表耸于云霄，北辰镇居地户；或楼台鼓角列于罗城，金箱玉印塞于水口；或石笋游鱼之忽见，平湖秀水之汪洋；或禽星兽星蹲居于水口，天关地轴布置于局内。自有许多贵秀证佐，异于寻常。

识者见之，则知其中融结不凡。但此等正干大龙，其所结作，力量极大，或为几甸，或结禁穴，或结省城藩镇，或为名贤墓宅。虽有遗穴，天珍地秘，鬼神呵护，以俟有德，不可强求，不可妄指，况非时师所能寻晓。杨筠松云："图大不得且思次。"是故又当加意于小干龙焉。

夫小干龙者，即干中之枝也。亦自大干龙分来。分龙之际，必有大星辰、崇山高垄为祖宗。张张子微云"分龙定起大星辰"是也。自此离祖而行，辞楼下殿，迢递奔走，亦与夫大干龙气势相类，特长短不同。大干龙极长，动踰千里，或数百里。小干龙只二三百里，或百余里。又其次者，或七八十里。而其龙身行度，大略皆与大干龙无异。所分枝脚，亦多结乡村市井。其水源有长短不同，大聚小聚亦别。

《经》云"水源亦自有长短，长作军州短作县。枝枝节节是乡村，干上时时断复断。分枝擘脉散乱去，干中有枝枝有干"是也。其龙禀气亦自浑厚，亦不可以星体拘之。必多延蔓广袤，横亘牵连，行五六十里，或二三十里，其次者或十余里始一断。而断处亦是大关峡、大道路。而枝叶之山甚蕃衍，拥从护应峡场。此处龙气甚旺，枝叶间必有融结小穴。

《口诀》云"峡前峡后去寻地"是也。其龙行尽处，必以水大会为止，两河交剑处为尽。

《经》云"百里各有小干龙，两水生来寻曲岸。曲岸随水抱龙头，抱处好寻气无散"是也。亦是两水夹送，不可必其逆水。惟是结作之际，翻身曲转，逆势作穴，故有曲岸之水抱其龙头耳。其穴亦不在大穷尽处，亦多隐怪。将及结作之间，亦必连有脱卸，闪跌度峡，或连起峰峦，开帐穿心，而其手脚桡棹亦皆融有小穴。迎送护托之山亦是隔水相卫，远来聚会。水口之山亦有数十里之远。而门户亦须颖异，有华表、北辰、游鱼、石曜、龟蛇、狮象等沙。入局之际，亦必山水大会，朝案特达，左右周回明堂舒畅，内局紧固，外阳宽阔，罗城秀列，禽曜出现，多结郡邑市镇、冲要繁剧衙门，及王侯极贵基址。若结为阴地，则主分茅胙土、出将入相、皇亲国戚、文武全材、忠臣烈士、清修贤儒、神童状元，及巨万之富。子孙蕃衍，世代荣显，满门朱紫，与国同休，身后英灵，血食百世。

又有一等干龙，禀气凶恶而不清，本身带杀而可畏。虽经脱卸，不改粗顽；虽见变剥，愈见雄悍。却亦开帐穿心，分牙布爪，诸般贵格备具，亦有融结，但大福大祸，每每相半，或贵如淮阴而卒夷其族，或富如季伦而不善其后。其最凶者，或如王莽之篡位，或如赵高之擅权，或为割据偏方之伪主，或为草寇大盗之头目。虽皆有富贵权爵、显赫威名，一时荣耀而不得其正，不令其终，反得罪于天地间，遗臭无穷，君子不取也。此干龙之不美者，寻干龙者又须识此。

上干龙虽有大干龙小干龙之不同，然其体势亦多相似，但以水源夹送之长短而验其大小。故除中国三大正干外，其干龙之大者犹至千余里，次者数百里，又其次者或百余里，或七八十里，皆以山之发祖，水之大会，原其起止也。然大龙则论大祖宗，小龙则论小祖宗。

《玉髓经》云"祖宗势大子亦大"是也。大龙论大缠护，小龙论小缠护。故曰"大龙迎送隔江水"，曰"外州外县山为伴"。又曰"护缠亦自有大小，大小随龙长短来。龙长缠护亦长远，龙短缠山亦近挨"是也。大龙论大水源，小龙论小水源。故曰"水源亦自有长短，长作军州短作县"。如中国三大干龙，则论长江、黄河、鸭绿江之水以为夹送也。大龙论大关拦，小龙论小关拦。故曰"大龙关拦数十里"。又曰"大地必有大关拦"。其规模愈大，则堂局愈阔。堂局愈阔，则关拦愈远。如冀州关拦，乃在碣石；长安关拦，乃在荆山；洛邑关拦，乃在泰华之类是也。举此为论，其他大小，皆可以类而推矣。故凡干龙入局之际，山水大聚，或结为垣，或结为局，大者为京几，为禁穴，为圣贤之地；次者为省城、藩镇，为郡邑市井，为王侯极贵之穴。所谓阳基则立郡建都，阴地则分茅胙土，惟干龙为然，枝龙之地，断然无此力量也。

然其行度之间，穿落传变，出帐入账，亦不计其重。辞楼下殿、聚讲叠云、屯蜂聚蚁、尊极帝座、生龙紫微、天弧、天角、龙车、凤辇、鼓角、楼台、负扆、御屏、霞帔、云锦、鹤驾、銮舆、华盖、宝盖、冠盖、芙蓉、金花、飞蛾、三台、九脑、玉尺、千丝坠、万石仓、金桥、仙桥、展诰、展帐、玉枕、玉屏、玉几、顿笏、连璧、御阶、幞头、席帽、金钟、玉磬、宝幢、降节、龙楼、宝殿、帝释、堆甲、叠帐、穿珠、走马、飞丝、卷帘、玉陛、飞帛、舒练、抛梭、佩珂、芦花、芦鞭、楼船出峡、红船出海、阁门传宣、推车进宝、天驷出厩、仙鹤垂喙、玉蝉脱壳、群仙出洞、群羊出栈、群雁穿云，诸般贵格，靡所不有。剥变骨节，过峡脱卸，穿田度坂，横亘摆折，楼阁透迤，珠丝马迹，藕断丝连，偷藏脉络，奇踪异迹，崩洪怪石，天汉天潢、左侍右卫、养荫灵泉，诸般巧妙，无所不备。

而其桡棹枝脚，虎踞龙翔，鸾飞凤舞，顿旗列鼓、垂帘挂幞、文官武库、天以太乙、列屏列幞、带印带剑、垂珠垂缨、排仓排库、侍人从马、金童玉女、旌节旗旄，诸般拥从，无所不具。分牙布爪，脱骨换胎，自尊而卑，自粗变细，千形万状，难于毕举。盖其行度之远，故能备具诸格之奇；气势之宏，故能发现英华之妙；垣局之广，故可受乎众山众水献奇列秀之繁华；缠送护从之多，故能尽乎重冈叠帐、挿戟列屏、交结门户、开锁罗城之完美。《葬书》所谓"贵若千乘，富如万金"，又云"若怀万宝而宴息，若具万膳而洁齐"。卜氏所谓"三千粉黛，八百烟花"；张子微所谓"万卒影从成卫禁，千官拥护是朝廷"；范越凤所谓"若相公之升堂，若大将之登营"，此皆干龙结作之规模耳。故其力量宏大，发福悠久，不可限量。

【评注】

"凡言大地多大话，下士闻之心已怕，中士闻之心信疑，上士闻之心欲为。何不观之富贵家，子孙累世享荣华。盖缘祖龙势力大，食禄袭爵名世家。小地虽然亦小发，未及三世即歇灭。到此方知小易衰，大地富贵世不绝。"此以上为干龙之所贵也。

论枝龙

杨筠松《水龙经》千言万语，皆归重于干龙，盖举其力量之大而言之耳。然山脉分枝分派，干龙最少，枝龙极多。故论地只可以真伪辨，不可以大小拘。《经》云"大地难得小易求"，乌可谓枝龙地小而忽之？况干龙大地，有鬼神所司，苟无阴德，未可睥睨。而枝龙之地，在在有之，易于求索。故枝龙尤当究竟。然枝龙亦有大枝小枝，不可不辩。夫所谓大枝龙者，即枝中之干也。观之，亦先其祖山。

但干龙则论大祖大宗，枝龙则论小祖小宗。故虽大枝龙，祖山亦不是远高山峦，只小干龙驻跸处即龙祖矣。于此审其离祖分派，以原其始。要此处起有星辰，合五星正体中一星，或水或木，或涨天水、焰天火，或御屏土之类。盖其发脉，中落为上。自离祖以后，又连起有星辰，谓之应龙，亦曰应星。有此应星合格，落脉更是中出，即谓之出身好，前去必结美地。自出身后，迢递行度，看其穿落传变等格何如，若真是结地之龙，自然合格。

或起或伏，有剥有变，或大顿小跌，或左栖右闪，或横开阔帐而穿心中出，或之玄屈曲而摆折流行，或如生蛇之出洞，或如啄木之飞空，断而复续，伏而再起，两边枝脚随身拥护，不令风吹，或反借干龙作遮护幛托。及其过峡之际，或穿田度脉，抛踪闪迹，藕断丝连。脱卸之后，复起星辰，磊磊落落，或飞蛾降势，或华盖中抽，其本身枝脚摆列均匀，或带仓库，或带旗鼓，或带印笏，或带剑戟，或成天乙、太乙，或成文官武将，左侍右卫，前呼后拥。及将结作之际，又起高大星辰，以为少祖。自此山下，或二三节，或四五节即作穴场，而穴后一节之山，或束气结咽，或细嫩委曲，或闪断为峡，顿起穴星，融结天然之穴，乃为最贵。其两边缠送护托之山，欲其重叠拥从，或住于穴后，或侍立左右。而朝迎之山，则应耸穴前。下手之山，则逆水数重，抱转有力，乃为真结。

《经》云"枝龙身上亦可裁，半是虚花半是开。若是虚花无朝应，若是结实护缠回。护缠尚要观叠数，一叠回来龙身顾，莫便将为真实观，恐是护龙叶交互。三重五重抱回来，此就枝龙身上做"是也。枝龙结穴多在尽处，则要天然明白为上，多是得水处结穴，故曰"未看山，先看水，有山无水休寻地"。多是下手之山有力，故曰"看地有何难？先观下手山"。又曰"有地无地，先看下臂"是也。龙之贵者，则有贵应。或印浮水面，或龟蛇交结，或车马联骈，或楼台镇塞，或罗星关锁，或旗鼓罗列，或日月对峙，或华表高耸。若此虽云枝龙，结作不及干龙悠久，然有此规模，亦非中下地也。若安插得法，主翰苑尚书侍从，方面文武之职，及富冠乡邑，一时荣盛，朱紫满门。

其次又有小枝龙，即枝中之枝者也。其大龙行去尚远，而于行龙身上，或大龙峡边，分落一枝，自起星辰，峰峦磊落，远者三五里，近者十数节。张子微云："却有枝龙但数节，不作穿心人易识。譬如丞参簿尉衙，岂似正衙门户密。三节四节交节分，分得英华为子孙。"须要成星体，合龙格，有起伏，有夹送，而龙虎、应案、堂气、水城、下关、门户皆合法度，穴情十分明白，始为真结，亦主富贵。若此者虽是枝中之枝，来龙甚短，富贵不大，然发越极快，所谓寅葬卯发者，惟此为然矣。盖此等龙气结作力量轻，故多在龙大尽处成穴，必得水，必近堂，或临田蘸水之穴，故财禄易发。惟是龙短而无大力量，虽富贵亦不久远矣。

又其次，有小枝中之尤小者，谓之旁枝。或五六节，或三四节，结为小小形穴。若星辰秀美，穴情明白，明堂平正，下手有力，四山团聚，水口关拦，亦能发福，但不长久，亦无大富贵耳。

《发挥》云："小小形穴，或得三四节，或得五六节，不拘穿心，不限脚手，出节便做形穴，仍有朝对关缠。若此者亦可安葬，贵可一二人，富可数十年，随其力量，皆能有验。但不广大久远。"盖出于大龙分漏秀气，可以刻效取应，而不可凭恃，以为子孙绵远计。然随材取用，亦不可以其龙短力轻而弃之也。

上枝龙虽有大枝、小枝、旁枝之不同，然要之，均禀于造化而有融结者，则亦不可弃也。惟要星峰秀丽，穴情明白。其穴多在龙气尽处。其大枝亦有龙气旺盛者，不在尽处。而结穴之外，有余气之山，转为用神，此其力量差胜。大抵枝龙之地，必要星辰耸拔，起伏分明，屈曲盘桓，逶迤走弄，枝脚桡棹均匀，护从缠托齐整，穴场藏聚，证佐分明，前有朝迎，后有盖送，左右周密，明堂平正，水城弯抱，四兽有情，下砂有力，水口交锁，罗城稠叠，乃为吉也。如或龙无起伏，星峰不秀，穴道模糊，下手无力，堂气不聚，朝案无情，水口宽旷，则无融结，不必顾矣。

已上所论干龙枝龙详矣。却又有等美地，只数节即结形穴，既非干龙，又非枝比，谓之随龙穴。依近省郡城市，即大干结作，山水大聚处结穴，龙气大旺，寸寸是玉，只要穴真，又不必拘。虽来龙或只数节，亦结大地，以其与大干龙共祖同宗，朝应固已贵秀，局面亦自繁华。犹之近帝贵人，故曰随龙穴，不可以长短论也。但要结穴处自立门户为真矣。如福建杨太师祖地，近城里许，乃随龙穴格也，（图左）。

建安杨文敏公祖地

金龟下田形

建安杨文敏公祖地：此地在建宁府城东里许白鹤山，系县府龙分脉，数节结随龙穴。入首顿起御屏土星。中垂正脉，铺展而下。左有白鹤寺，右有东岳庙，穴结山麓，临田蘸水，前吐毡唇。帖身白虎横抱过穴，成玉带文星，逆收溪水，以关内气有力。内堂紧小，外洋宽畅，前朝拱揖，得水藏风，真催官之地。葬时文敏公年十三岁，不数年即发中进士，登宰辅。子曰恭。孙士倧、士伟，俱进士。曾孙进士任吏部尚书、易副宪、亘南京户部郎中，曰旳、曰昂，俱知县。玄孙曰迈、宗、崇、疑、成、名、棐进士诸公，皆登科甲，登仕版者又数十人，福祉未艾。

杨氏又有白狸窝祖地，尤美。但此地葬后数年，文敏即发解，连第登宰辅，发越似乎太速。彼地三百年后始有应验，又似太迟。此造化之妙，不可谓无此理也。白狸窝祖地见水法卷。

依近郡甫随龙穴诸名地图具下

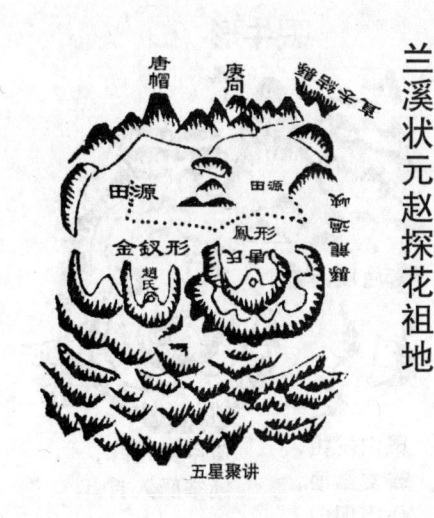

兰溪状元赵探花祖地

兰溪状元赵探花祖地：左地在兰溪县东二里，地名瑞垄。其龙自金华峰作祖而来，五星聚讲，复辞楼下殿，开帐磊落。正龙过峡去结县治。其左枝分落后，复开金水帐。中抽出一脉，逶迤成垂头紫气贵格。

《经》曰"垂头紫气号文

星，天下尽驰名。"面前大小双峰，成天马之格。断曰："大马赶小马，富贵传天下。"葬后出唐渔石公唐龙，登进士，官至吏部尚书。其子小渔公汝楫，登嘉靖庚戌状元。至今富贵未艾。

其尽结者，为赵探花公志皋祖地，与状元地共帐。入首大飞蛾顿起太阳金星，开钳口结穴。两股直硬，元辰流长，虎沙顺水尖窜，不利初代。将及百年，乃出贵先。是探花之祖，精堪舆学，自择此地。至今人才富贵鼎盛。二妻各卜一地，一富一贵。

传奇：探花公之祖官县佐，精堪舆学，爱兰溪山水秀丽，自衢迁兰。二妻各卜一地，一贵一富。贵者乃飞凤冲霄形，课云："一木冲天势挺然，文章四海有名传。虽然衣紫腰金贵，毕竟家无二顷田。"其富者乃仰天湖形，课云："分明一穴仰天湖，仓库重重又秀孤。粟陈贯朽房房有，若要求官半个无。"今二房子孙贵者少富，富者少贵，果皆如其言。

杭州尚书祖地：右地在杭州府，土名江头九曜。但其龙乃自九曜逆生一脉，穿田过峡，顿起玉屏。屏中一脉，委迤清巧，复作金土结穴。穴星两臂横展，中开一坪。坪中立穴太阔，似乎散漫。且右臂牵拽远去十余里，以作江头街阳基。此则横龙落脉，一节而已。俗眼观之，莫识其妙。爰是龙气大旺，寸寸是玉处。葬后生江公玭，登进士，官大参。子文昭公澜，官南京礼部尚书。孙晓会魁，官工部侍郎，赠尚书；晖，会魁，翰林修撰。曾孙曰圻，登乡魁进士，官提学副宪。玄孙曰铎，登进士，现任北部正郎，福祉方隆。

杭州尚书祖地

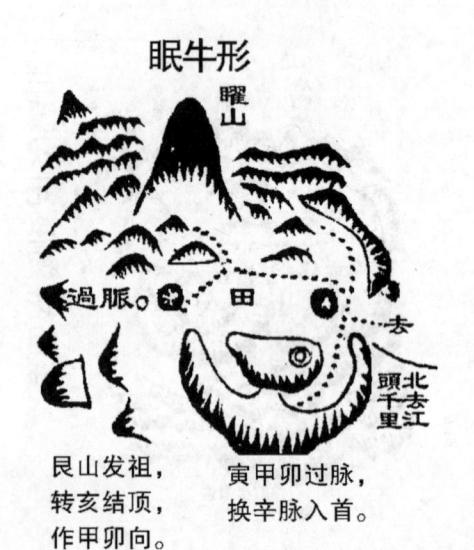

眠牛形

艮山发祖，
转亥结顶，
作甲卯向。

寅甲卯过脉，
换辛脉入首。

曾氏祖地在承天府东北。其龙发于大洪山，旺气融结为府龙大干。又分注到此，入首横列大帐，帐中抽出嫩条。廖金精谓之垂头紫气，清秀颖异。大凡木星，不下当头。此地左右两穴，虚中，正合倚杖葬法。张子微谓之天鼻穴。左右龙虎回抱，内外明堂环聚。近有玉带砂关收内气，远有三台峰献秀，外洋北湖宽畅，汉水盘旋，四势和平，三阳具足，龙旺穴奇，藏风得水，真美地也。曾氏曾祖指挥公始葬其地，继葬其祖知县东庄公。今阳白公父子进士，通显嗣续之蕃，详见彭泽祖地第二十册内。

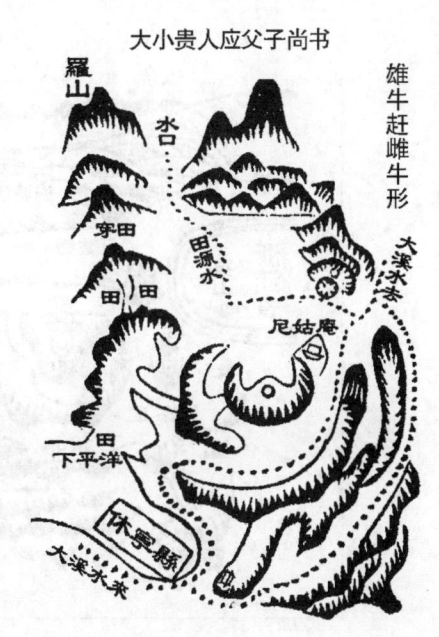

休宁陈尚书祖地： 右地在休宁县北一里，地名尼姑庵。其龙与县龙共祖，不悉述。分龙后开帐出脉，细嫩奇巧，为芦鞭，连起两节太阴文星，清秀均匀，展翅垂脚，俗呼雄牛赶雌牛形。正脉栖闪转身，逆水结穴。穴下铺坦余毡，蘸水临田，穴后抱托有力，前朝大小双峰秀异。但明堂水过穴返去无情，水口不交为疵耳。葬后出襄毅公信，登进士，官至兵部尚书。子篁墩公敏政，登榜眼，官至礼部右侍郎、翰林学士，赠礼部尚书。

按： 是地乘县龙旺气，格甚精俊。但系戌乾转坤申作穴，于天星非久永之兆。篁墩不察，襄毅之葬又卜南山乙辰，竟以受害。公言谈地理四书，极诋天星，既以自误，又以误人，惜哉！

杭州高相公祖地： 下地在钱塘万松岭圣国寺后。其龙与杭州府龙共祖。此即数里之外，分出一脉，出身御屏高耸。屏下连珠数节，走马到头，起仰高太阳开口做穴。吐唇平坦，二十余丈，地复峻陡。陡下却是寺宇。登穴从左手一傍入，到穴中不见寺宇并陡峻处；但见四面远峰矗立，钱塘江水洋洋。对岸金马门，门中贵人秀立。海门三山渺如拳。四神八将、三阳六秀皆相拱照。葬后出南宇公仪，登进士，入翰林，官至内阁大学士。今富贵未艾。

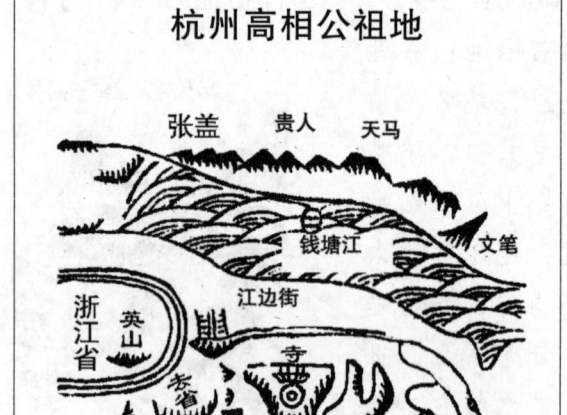

杭州高相公祖地

地理人子须知卷四

江右德行山人 徐善继 徐善述 同著

　　此一卷专论龙脉分支、垄两种。盖高山平地，形势不同，故支、垄之说不可不辩。故《葬经》云："支、垄之辩，眩目惑心，毫厘之差，祸福千里。"是故尤当致辩于支、垄也。

总论支垄

　　夫支者，平地之龙也；垄者，高山之龙也。其融结为地，力量轻重，大小贵贱，不以支垄而分优劣，但其形体有山峰平地之不同，故察识其情性之术亦各有异。盖垄龙有星峰形势，脉络分明，易于寻索。支龙千里平夷，一望无际，难于追求。

　　然垄龙则以磊落起伏、逶迤奔走为美，软弱、瘦削、丑恶、崚嶒为凶。支龙则以相牵相连、隐隐隆隆、界水明白、脊脉分晓为妙；高低不明，来势断截，分水模糊为假。

　　大凡垄欲峙于地上，支欲伏于地中；垄最忌于风吹，支尤嫌于水劫；垄结穴于山麓，支结穴于巅顶。《葬经》云："卜支如首，卜垄如足。"又云"支葬其巅，垄葬其麓。"此支、垄龙穴不同之大法也。其间变态不一，咫尺顿殊。真支真垄固所易辩，奈何有似支之垄，似垄之支，或支来而垄止，垄来而支止；或垄变为支而复为垄，支变为垄而复为支。亦有以支为坛垛而行垄于上，以垄为坛垛而行支于上者。又有垄内而支外，支内而龙外者。复有强支弱垄、急支缓垄、高支平垄、隆支隐垄、石支土垄、老枝嫩垄、偏支偏垄、半支半垄，及夫非支非垄，不可辩者。

故郭璞云"支、垄之辩，眩目惑心"，自非明师耳提面命，莫能别也。学者先须察此，此而有得，寻龙之能事思过半矣。

论垄龙

夫垄者，山也。山垄之龙，祖宗欲其高大，来势欲其雄伟，星峰欲其秀丽，剥换欲其相生，过峡欲其周密，枝脚欲其蕃衍，盖送欲其重叠，行度欲其活变，护从欲其稠密，穴场欲其藏聚，四势欲其和平。此皆山垄寻地之要诀耳。然垄龙势险而有也，故于险中求平，所谓高山之窝是也。葬当避杀乘生，

《经》曰"垄葬其麓"，为正法也。却又有等以垄为体，而得支之情性者，则大山垂脉，落下平地，变为支体。此阴中含阳之义也，时师往往粘葬山麓，而以前拖平地为裀褥。

殊不知龙势未住，微有龟脊，隐隐隆隆，穴落平地，法当枕球而葬。然阴者为强，固宜避球凑檐。奈何性慢？以此要插上，急其缓性。刘氏所谓"垄缓则入檐而凑球"是也。苟以垄法扦之，则败绝立应。此高垄之至难体认者，不可不察也。

论支龙

夫支龙者,平地之龙也。平地之龙,其祖宗父母、剥变过峡,与夫枝脚桡棹、缠托护从,大段与垄龙无异。

吴景鸾《口诀》有云"卧倒星辰竖起看",故亦有开帐穿心,亦有华盖、三台、御屏、玉枕等格,但龙行地中,皆平面,倒地多阔大,难于检点,惟以相牵相连步其龙脉。高一寸为山,低一寸为水,察其隐隐隆隆之脊,或直或曲,动辄数十里,或数里,始有水分八字之峡,或有石骨微露踪迹,或有银锭束气之脉。

若前面遇水界截,则审随龙之水,及诸水聚处为明堂,以求穴向。其结穴处自然气聚,或平中有突,或开钳口,或吐唇毡,或微有窝,如鸡窠,如旋螺之状,必有龟脊牛背、草蛇灰线之脉,入首束聚结穴。

而此处须要高低分明,有水缠绕,或水溶注,或水朝入,方为的实。又须审其来历,有珠丝马迹、贴地梅花、落地金钱等格,决是美地。扦得穴真,葬得如法,富贵悠久。

若来历不明,切勿妄下,平地无气,易于绝灭。所谓来历不明者,乃来脉龙势一坦平阳,无脊可据,高低不分,全无界水,无过峡,无石骨证脉,无银锭束气,无龟背分水,无草蛇灰线、藕断丝连之脉入穴;或已经断而不相牵连,散漫无气,必无融结。其父母兄弟之脉各自分飞,平地之上,虽或忽起墩埠,孤单无应,必作他龙之用神;或是龙脚所带之秀气,为印,为笏,为金箱、环佩之类,或是水口罗星、游鱼等砂。

故廖金精云:"走珠墩阜在平地,三个五个是。"若孤单一突,又无分水度脉来历,未可便作平中之突而有融结。卜氏云:

"星散孤村，秀气全无半点"；又云："滚浪浮花，随风落叶，皆是无蒂无根，未必有形有气。"此皆平支龙寻地之要诀耳。然支龙平坦夷旷，故于散中求聚，所谓平地之突是也。盖当揭高就脉。

《经》曰"支葬其巅"，为正法也。却又有等以支为体，而得垄之情性者，则直如掷枪，急如绷线，术中谓之倒火硬木，此阳中含阴之义，法当避杀粘檐，架折而葬。刘氏所谓"直急则避球而凑檐"是也。但阳者为弱，本合凑入，奈何性急？以此要缩下，缓其急性。苟以支法扦之，则凶祸立应。此平支之至难体认者，不可不知也。

已上所论支、垄，大法如此。但垄之星峰易辩，支之脉络难明，前辈谓支龙难于垄龙，尤当细察。兹故特集诸家平支之说附下，庶互有发明云。

《葬书》云：山贵平夷，土贵有支。支之所起，气随而止；支之所终，气随而钟。观支之法，隐隐隆隆，微妙玄通，吉在其中。

又云：地有吉气，土随而起。支有止气，水随而比。势顺形动，回复终始。法葬其中，永吉无凶。

杨筠松《龙经》云：坪中还有水流坡，高水一寸即是阿。只为时师眼力浅，到彼茫然无奈何。便云无处寻踪迹，直到有山方始识。如此之人岂可言，有穴在坪先自失。只来山下觅龙虎，又要乳头始云吉。不知山穷落平处，穴在坪中贵无敌。痴师误了几多人，又道藏埋畏卑湿。不知穴在水中者，如此难凭怕泉沥。盖缘水涨在中间，水退即同干地力。且如两淮平似掌，也有军州落窠沥，也有英雄在彼中。岂无坟墓与宫室，只将水注与水流，两水夹来是龙脊。

又云：莫道山高方有龙，却来平地失其踪。平洋龙从高处发，高起星峰低落穴。高山既认星峰起，平地两傍观水势。两水夹来是真龙，枝叶周围抱处是。莫令山返枝叶散，山若返兮水散漫。

外山百里作罗城，此是平洋龙局段。星峰顿伏落平去，外山隔水来相护。平洋仰面似鸡窠，隐隐微微立高埠。便从立埠觅回窠，或有勾钳或如螺。勾钳是案螺是穴，水揖明堂气聚多。四傍水势如城裹，水绕山回聚一窝。霜降水涸寻不见，春夏水高龙皆现。此是平洋捉龙法，过处如丝或如线。高水一寸即为山，低土一寸水回还。水缠便是山缠样，缠得真龙如仰掌。窝心掌里如乳头，端然有穴明天象。水绕山缠在平坡，远有山冈近有河。只爱水环抱身体，不爱水返去寻地。水抱方有山来抱，水不抱兮山不到。莫道高山龙易识，行到平洋失踪迹。藕断丝连正好寻，退卸愈多愈有力。

又云：大梁形势亦无山，到此寻龙何处是？识得星峰是等闲，平地寻龙最是难。若无河流与淮水，渺渺茫茫不见山。河流冲决山断绝，又无石骨又无脉。君若到彼说星峰，一句不容三寸舌。又云：十里半程无冈岭，平洋沙渍烟尘迷。到此君须看水势，水势莫问江与溪。只要两源相夹出，交锁外结重重围。又云：凡到平洋莫认踪，只看水绕是真龙。又云：高山大垄峰多秀，不似平原一锥卓。又云：也曾见穴在平洋，四畔周围无高冈。

又云：上智寻龙观气脉，指望高山散踪迹。相连相接下乡村，失迹遗踪细寻觅。气逢水界有住期，如缉悠悠细消息。平洋大地无影形，如灰抛线要君识。相粘相牵寻断绝，尽是平洋真口诀。过时如雁列深云，藏时犹似泥中鳖。平洋相并盏中酥，落在坪中谁辩别？

杨筠松《画荚图》云：平地之脉，如草中之蛇，灰中之线。只看水分水聚之中，便是真气融结去处。又曰：临田观穴，不问大小八字，只看上面形势，分晓下面证佐。或唇或口，便为真气正穴。又曰：平坡之脉如掌窝，水聚交而不流，锁断真气，便是关门立穴之处。仰看上面脉，必有翅翼，如灯影穿壁，轻薄而不动，自有高卑。

又曰：高山落落平田，若有火嘴，要看尖尽处；若开钳口，谓暗火开红。此是火放灰中，似见火红。如尖嘴不开钳口，谓之死火带杀，不可葬。

又曰：龙到平洋临田结穴者，上有来，下无出脚，但见田塍面前兜转，似带，似娥眉拱护，此上是穴。

又曰：龙落平坡，日久年深，人开成田地，要看两边形势，田塍一层低一层，如急浪下滩。细寻前面水势回环，两田如月角兜转，始是真龙作结之处，谓之浪花里滚月。又曰：高山行龙，势落平地，无踪无迹无龙虎，形如铺毡展席，散如碧玉之纹、浪花滚月、雪里飘梅，如灰中之拽线，如草里之寻蛇，详加目力，细辩阴阳。切要诸水聚堂，朝对尊严，球檐下合分明，气脉自然融结，沙水来去得位，门户重重关闭，坐下宾主有情；又要明堂如锅底，四围不倾泻，水口不通舟，可谓吉地矣。

陶公《捉脉赋》云：支阜平夷，如灰拽线，悠悠而缩瓜藏形，隐隐而无头无面。岂知遇水为真，乘风则散。又曰：大地平洋回环，四顾得水藏风，时人罕遇。又曰：鸡鸣犬吠，闹市烟村，隆隆隐隐，孰探其原？若乃断而复续，去而复留，奇形异相，千金难求。折藕贯珠，真机茫漠。临穴坦然，诚难拦摸。障空补缺，天造地设，留与至人，先贤难说。

张子微云：中原平地及湖乡，行龙入地至难详。寻得龙来无穴下，茫茫阔远何相当？此名天平只看水，水绕回环是穴中。若还舍水去寻穴，望望皆平无定踪。龙如逢水穴方止，无水拦断去不穷。诸公记此水龙诀，不与冈山一例同。

刘氏云：中原，百里千里皆为平地，虽有高形可寻龙脉，无穴可下。盖龙之隆隆隐伏，间有得见处。然到作穴，又无定踪，只看水之曲折如何。水若环绕，拦截穴头，固为易见。不然，水亦在前或在后，弯曲之处相当，即可定穴法。如无水处，虽有穴，亦必非龙脉尽处，不为端的。若以山乡之法取之，则失之矣。

廖金精《泄天机》云：更有平洋局又别，倾廪为君说。星辰原出在高岗，撒脉下平洋。高冈聚讲与过峡，行龙皆一法。撒落平洋始不同，切莫失真踪。地有高低即山水，节目同一体。远山近水两旁缠，脉似藕丝连。倒身龙格隐复现，脉上行时见。隐隐隆隆正好寻，寻得值千金。又曰：平地龙神观水势，认取原无异。

范越凤《洞林秘诀》云：平原旷野，茫然数百里之远，视水所归，则知来山。左右两阜拱接分明，可以藏车隐马。有盘曲之水，朝向之流，乃第一地也。高山平原本无二说，要以形势为本。观其来历绵远，气象环合，高山无悬崖崩破之害，平原无断垄横堑之绝，乃叶吉卜。故阴阳家贵于心得意解，不可执一。又曰：相平地之法，四顾审其土脉，观其流泉，得水为上也。

吴景鸾《指南》云：古人谓大地落平洋，盖以其祖宗发脉而来，中间剥变过度处多，气脉既全，便无力亦水深土厚，此平洋所以为大地。然而平洋龙法，非俗眼所能寻识，多是高山大垄，忽然撒下平坦，人但见山势已尽，而不知水分八字，界过护从，送出正龙，一脉如丝如线，在此处藏踪闪迹，直抛过前面去，却微微突起三五七个平低山阜出来，或土洲之类，牵连而行。又复跌断，却去前面，或作突中窝，或作窟中突，宛然成一天然之穴。其做穴处，四神八将，自然应副，堂局水城，自然回抱。乍看似无好处，细玩却有妙理。故平洋地所以难寻而又难识也。

《明山宝鉴》云：平洋大地，认水为龙。水势若回，龙亦随住。一丈之山，胜彼千丈；一尺之山，胜彼千尺。

《寻龙歌》云：平洋大地无龙虎，杳杳渺渺寻何处？东西只把水为龙，下后出三公。

《入式歌》云：茫茫四畔无龙虎，君欲寻龙向何处？地师只把水为龙，交流便是龙归路。

卜则巍云：穷源千仞，不如平地一堆。又曰：水星多出平地，妙处难言。又曰：或隐显于茫茫迥野。又曰：平中得一突为奇。又曰：仿佛高低，依稀绕抱。又曰：地卑处切忌泉流。又曰：平地起培塿，一东一西。又曰：平洋地当斟酌，不宜掘地及泉。又曰：平沙落雁偏宜水，泊岸浮簰不畏风。又曰：势如波涌，何须卓立之峰？脉若带连，何必高昂之阜。

《二十六脉歌》云：仙掌脉，少人知，平洋不怕八风吹。但寻真脉堪埋玉，休管傍人说是非。水若抱龙龙抱水，背剑斩砍自由伊。

《三十六穴歌》云：平洋寻取地中凸，覆鼎真奇绝。顶上安坟最可求，迎取水来朝。

曾葛溪云：大山撒下一龙，穿田过峡，失脉失踪，不见融结。旷野茫茫，无可捉摸。此乃愈剥愈精，愈换愈嫩，不肯暴头露面，一向藏踪隐迹。或奔溪涧江河，或入人村闹市，或趋湖泊田塘，或出旷野田州。隐藏出没，如江中拖练；藕断丝连，如蜘蛛坠楼，流星渡汉。抛球走珠，铺毡展席，金盆荷叶，如此等象，只看安穴处有无皮肉头面。如明堂藏聚，水路迂回，近应有情，缠护相照，此等之地，最为绵远。

吴景鸾《口诀》云：平洋之地，坦荡迥野，踪迹隐伏，散涣依稀。虽无峰峦之可证，亦有脉络之可求，须要辩其来历祖宗，以看出身。降势撒落平洋，分毫之高者即为山，分毫之低者即为水。或隆隆似有，或隐隐如无。及至落穴之际，亦必微有形势之可指。山水趋迎，气脉藏聚，如露珠注在荷叶之中，乃为真结作也。

张紫琼《俯察》云：平地龙虽说愈剥愈嫩，愈换愈精，也要穿田过峡处不被风吹，不遭水劫。出身太长，须要旁有金箱玉印、偃月七星、太阳太阴夹照为吉。左右随龙水交会入首，或作铺毡土、棋秤土、倒地木、浮簰水、水泡金、波浪金、波浪水及落地梅花、落地金钱、蜘蛛结网、没泥龟、没泥蛇之类，方是融结。若平田渺渺，更无高下，虽有堂气，亦不结地。

赵缘督《穴法》曰：平地有突，气涌而生，绝胜万仞。仙眼难明，只观水势，便见真情。水如不绕，穴法无凭。

谢子期云：迥野之脉，体段不一，有平坡渺渺茫茫，如铺毡展席而来者；有田塍层层级级，若水之波而来者；有起峰墩，如星珠龟鱼而来者；有微露毛脊，如浮沤凫鸟而来者。是皆地之吉气涌起，故土亦随之而起凸也。其来也，两边有水以送之；其止也，左右有砂以卫之。且明堂宽正，又得横水拦之。外阳、远案在于缥渺之间，而四围阴沙仅高数寸而已。此皆平洋龙之贵也。

张落魄云：平湖之脉，坦夷旷荡，却是支龙行度。其体段若盏中之酥、云中之雁、灰中之线、草里之蛇。或沈潜，或无影无形，或藏幸而失迹遗踪。生气行乎其间，微妙隐伏而难见，全在心之智，目之明。以高一寸为山，低一寸为水，察其支之所起，辩其支之所终。起则气随之而始，终则气随之而钟。若脉尽而水止，界合分明者，此平洋之大地也。

观物祝公泌云：郭景纯曰"支葬其巅"，盖以平支龙必须起微突处，谓阳来阴受，方是结穴。若无突，要开钳口方有穴。故曰"平地不开口，神仙难下手。"

永和周氏云：平洋则山不拘于高，水不拘于深。但遇有尺寸高低，即可以辨。又云：在山者颇易看，在平洋者最难识。陶公所谓"顿起则时人晓会，牵连非达士难言"是也。盖如灰中拽线，草里寻蛇，沙里拣金，泥中藏鳖，云中腾雁，盏里浮酥，隐而不露，断而复续，并以两边导送之水为验也。

廖金精穴法中有没牛吹气穴诗云：没牛吹气失来踪，隐隐伏真龙。昂头些子如吹气，没牛泅水势。左回右抱脉微高，大则公侯小富豪。又云：龟鱼螺蚌形，宛如水中生。水中自有真龙聚，此地传千古。

梁箬溪云：龙势洋洋落大坪，连天接野不分明。隆隆隐隐寻踪迹，曲曲弯弯断复生。忽然有突联三五，认取开钳是穴情。定要水来环抱穴，砂如牛角两边迎。

以上诸家之说，各有攸当。大概平洋龙法，以高一寸为山，低一寸为水，隐隐隆隆，看两边分水，以认来龙之过度，突起支阜，以认穴道之融结。又须有四畔罗城秀峰，前应后照，如列屏铺障，相与拥护，乃为尽善。大抵以得水为上。卜氏云"如在平洋，先须得水"，兼阴阳二宅言之矣。平支龙穴最难辩认，故引证诸家之说以明之，当详察焉。

地理人子须知卷五

江右德行山人 徐善继 徐善述 同著

此册专论龙身行度知识。盖龙之行度上有太祖、少祖，以及父母、胎息、孕育、入首诸格，此皆观龙之大旨。审龙者诚于此而有得，庶几知其要归云。

论太祖山

夫寻龙之法，当源其所始，故先察祖宗山。《经》云："寻龙须寻祖与宗，不辩祖宗何足语。"《赋》云："问祖寻宗，岂可半途而止！"盖山之有祖，亦犹木之有根，水之有源。根大则枝远，源深则流长，自然理也。是故寻龙之法，必先究祖宗。知其祖宗，则龙之远近长短，气之轻重厚薄，力量大小，福泽久暂，皆可于此而察识之矣。

《龙髓经》云："只用源流来处好，起家须是好公婆。"公婆即祖山也。卜则巍曰："祖宗耸拔者，子孙必贵。"子孙指穴而言。皆谓有特异祖龙，必结富贵美地。故寻龙必先观祖宗山。即其远者而名之，有所谓太祖山焉，也曰始祖，以其去受穴处甚远，如人之有始祖远宗也。然此太祖山，必须高大迥异，或跨州连郡，延绵数百里，大者如名山五岳，小者也必高大雄冠于一州一郡，又小者，亦须冠于一邑一方，乃可谓之太祖山。其形则巍然高大，耸入云霄。或如龙楼宝殿、千丝坠、万石仓等格。其发出枝派蕃衍，不可悉数。如人之太祖，子孙众多，未易历举者也。祖山既高大异常，其天时将阴晦，则有云雾生其巅。廖金精云"祖宗高顶名楼殿，常有云气现。"杨筠松云："先寻雾气识正龙。"

又云："寻龙望气先寻脉，云雾多生在龙脊。春夏之交与二分，夜望云霓生处觅。云霓先生绝高顶，此是龙楼宝殿定。"故观云雾之所生，以察山龙之太始，亦一诀耳。既能认太祖山，以次审其出身行度，及父母胎息，以至受穴之山，皆于此原其始矣。

论少祖山

寻龙之法，须究祖宗。然太祖远宗犹恐未真，又当于少祖察其来历，审其美恶，庶为亲切，故不可不论少祖山也。夫少祖山者，即近祖次宗，廖金精又谓之主山。龙行既长，离祖已远，各分枝派。将结穴处，忽起高大山峦，不过数节，即结穴场。其高大山峦，谓之少祖山也。若其山分枝尚多，结穴尚远，犹未可为少祖，乃是驻跸山。住脚星辰犹是远祖。若是少祖山，则自此山下，去穴不过数节。如节数太多，便谓离主星远，力轻气弱，又须再起主星方好。

廖金精云："若是山家结穴龙，定起主星峰。"言结地龙必有少祖山作主星也。又云："二三节内穴星成，福力实非轻。节数远时福力少，再起主方妙。"言穴不宜去主山太远也。又云："主星大小合龙格，造化便可测。"言少祖山须合得龙家诸格，方有融

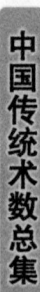

结造化。故凡美地，必起近穴少祖山。而少祖之山，必然奇异特达，秀丽光彩，或开大帐，或起华盖宝盖，或作三台、玉枕、御屏诸般贵格，或成冲天木、献天金、涨天水、焰天火、凑天土等星辰。

既有此少祖山合星体，成龙格，必不虚生，定有融结。若此少祖山倚斜不正、孤露崚嶒、瘦削破碎、臃肿粗恶、巉岩带杀、丑陋委靡、软弱困顿，种种凶恶之形，不成星体，不合龙格，则无融结。纵有穴场、堂局诸般可爱，亦为不吉，的主凶祸。或误下之，行至此节，各以类应，祸不爽矣。

太祖少祖山图式

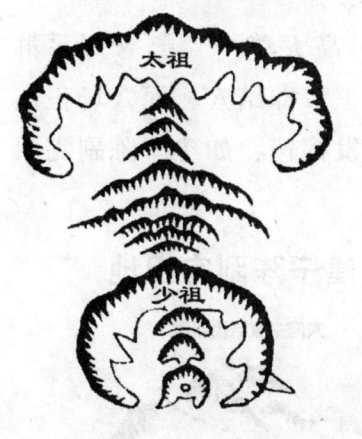

左图：此则将结穴，先起高大星辰作少祖山。自少祖山下，数节即结穴，极有力，为吉地也。

右一：此则起少祖山以下节数已多，离少祖远，却又再起高大山，又为少祖，一节即入穴。此地力大福厚，极吉。

右二：此则离太祖山以下迢迢而去，更无高大星辰作少祖山，委靡入穴，力轻气弱，乃凶地也。

无少祖山重起少祖图

一　　二

人子须知（上）

穴近少祖图　少祖不吉图

一 　　　二

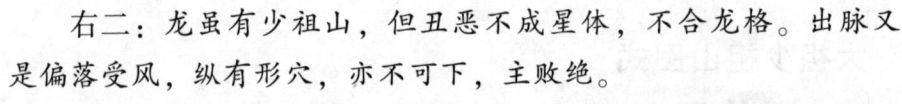

左一：龙自少祖山下，如生蛇摆动，入首结穴，亦为吉地也。不必拘其大起伏，只要曲动，龙格中谓之水木芦鞭，极贵。吴景鸾《口诀》云："入首节内有芦鞭，当代儿孙中状元。"

右二：龙虽有少祖山，但丑恶不成星体，不合龙格。出脉又是偏落受风，纵有形穴，亦不可下，主败绝。

不论后龙长短，只入局忽起少祖，高大尊严，挺秀冠乎群山，以作主星。自此山下，只一节或二三节即结穴，而穴场正座此星，贴近枕靠有力者，其地力量大，发福速，如建宁陈副宪祖地其格也。

建宁陈副宪祖： 右地在建宁府西北河西。其龙来远不详述。入首顿起主星，高大尊严，挺秀迥异，护从周密。正脉从中落下平地，穿峡起平坡即结穴。

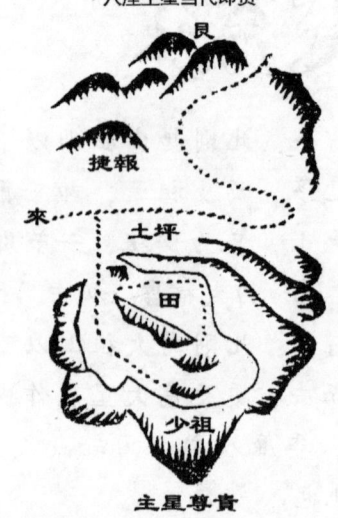

穴场正座主星有力，开钳吐唇明白。前案低伏，近身如眠弓，抱穴有情，以关内气，逆收大溪之水。内堂水口石墩如印。左右映带，前朝秀丽，内堂紧巧，外洋宽畅。葬后即出羽泉公纪壬午年葬，甲申年羽泉生，登嘉靖丙辰进士，官副宪，封君纵

建宁陈副宪祖地

穴座主星当代即贵
艮
捷报
来　土坪
田
少祖
主星尊贵

遐寿康宁，累膺诰封。诸孙济济，福祉未艾。

又德安杨方伯母地、承天张进士祖地，皆是少祖山近穴，当代出贵。二图具下：

德安杨方伯母地

（图：飞凤形；穴坐主星，当代出贵；槎山、顾祖、双峯、平田、水来、低田、少祖、水来、主星尊）

德安杨方伯母地： 左地在德安府东北六十里。其龙自槎山作祖，磊落奔腾二十余里，乃大断过峡，翻身逆盘，为回龙顾祖之势。忽起主星，高大尊严，挺秀迥异，冠于群山。

正脉从中逶迤落下，平坡结穴。穴前吐出毡唇，左右掬抱有情。前对祖山如唐帽，近有文星正应，下关紧固，水城绕带，明堂宽平，后座主星尊重，得水藏风。离龙，扞丁山癸向。葬时次泉公芷方三岁次泉丙戌生，戊子年葬母，后登嘉靖癸丑进士，官至江西右布政，福祉未艾。

承天张进士祖地： 右地在承天府北五十里，土名蒿河安平冲。其龙来远不详述。入局磊落，踊跃十余里，将到头，大断过峡，翻身顿起主星，挺然端秀，冠于群峰，为华盖贵格。中抽正脉，逶迤而下，一节即过，复起大突结穴。穴后正座主星，势甚尊严。左右两掬包顾有情。下关重叠。前朝群峰列秀，三尖

承天张进士祖地

（图：穴坐主星，当代出贵；庚酉龙入首卯乙向；卯乙来、来、田、田；主星尊贵）

卓笔正朝。近案拜伏，罗城水口周固。系酉兑庚辛龙，扦卯乙向，当代即出明宇公时照、载寰公坤，连登科甲。嘉靖乙巳年葬地，戊申年张明宇生，庚申年载寰公生，癸未进士。

论无少祖山

凡平冈之龙，多只逶迤而来。若行度摆折屈曲，亦不必拘其必有少祖山方为大地。只要将入穴际，二三节内跌断束气，结咽过脉，此即同有少祖山也。盖山之一起气固旺，而山之一伏气尤旺，故不必拘于顿起高山为少祖耳。但其断处的以近穴为贵，一节即入穴尤妙。切忌受风，必须从山相夹护也。

平地之龙亦然，必于穴后有束气脉为妙。而其束处要微高，有分水明白，则束气入穴有力，方为真切。盖平阳气多散漫，贵于收敛。既无墩阜可为少祖，必当以断处束气为准。或成银锭之脉，或有珠丝马迹、草蛇灰线、藕断丝连、龟脊牛背等形，则气束得聚也。穴场乘得气之聚处，乃是真融结。否则，散漫无证，纵有坪中突窟，亦认脉不真，不可下矣。

论龙父母胎息孕育

《经》曰"万里之山，各起祖宗，而见父母胎息孕育，然后成形。"是以认形取穴，明其父之所生，母之所养。卜氏云："问祖寻宗，岂可半途而止？"又云："胎息孕育，神变化于无穷。"是皆言龙之有祖宗父母胎息孕育，然后始成穴也。或曰："先起高峰谓之祖，次起一峰谓之宗，再起左右双峰谓之父母。"诚如其说，则是父母置之无为之地，而其所生，皆祖宗耳。

　　张子微已曾辩其非。而洪悟斋又拘于节数，谓自玄武顶一节为父母，二节为少祖，三节为曾祖，四节为高祖，亦太泥耳。若用其说，则自四节已上之龙又将何名？大抵龙之起身发脉处，必有高山大峦，谓之太祖。自此而下，辞楼下殿，迢递而行，又起高峰，即谓之宗。复行逶迤，奔腾磊落，其间小可星峰则不必论。直至将及结作，必要再起高峰，迥然耸拔，超异众山，谓之少祖。自此少祖山下，或起或伏，或大或小，或直或曲，但以玄武顶后一节之星名父母。父母之下落脉处为胎，如禀受父母之血脉为胎也。其下束气处为息。如母之怀胎养息也。再起星面玄武顶为孕，如胎之男女有头面形体也。融结穴处为育，如子之成，出胎而育也。自少祖山至此，最关紧要，须是合诸吉格，束气清切，护卫周密，乃以为吉。诸家喋喋之论，总不必拘，无非欲其尊卑有序，大小有伦，自高落下，自粗变细，自老抽嫩，星辰之生克不逆，桡棹之长短合法，则得祖宗父母胎息孕育之妙。乃有生气融结而钟灵孕秀，造化存焉。依法葬之，福应如响。其或祖宗当高而反低，当大而反小，胎息当细而反粗，当嫩而反老，此则尊卑失序，大小无伦，凶气所集，不可下也。

祖宗父母胎息孕育图

论龙入首

"未论千里来龙，且看到头融结。"故凡观龙之美恶，及诸般龙格，只于入首穴后二三节、四五节内以至少祖山为紧切。审其龙势，若有起有伏，逶迤走弄，活动栖闪，而头面端正，星峰秀丽，枝脚随身，及有落、穿、传、变、台、屏、帐、盖、走马、珠串、芦鞭、王字、个字、之字、抛梭、展翅、飞蛾种种贵格，而随从之山及本身枝脚又起峰峦，如仓库，如旗，如鼓，如天马、贵人、笏印、金箱、宝剑、文官、武库、天乙、太乙等形以夹送之，此为真来。

此处融结，是我所用，亲切无疑，以其在近穴数节间也。似此之地，结作真，力量大，发福速。若少祖至近穴节内并无吉星，不合诸格，或懒缓怯弱，死硬臃肿，粗恶直长无枝脚，或枝脚拖泄，散乱尖利而成鬼劫，任是龙虎、明堂、朝案件件皆美，奈何坐下无龙，真气不钟，诸般美利，种种成空。切不可认少祖以上之龙特达可爱，而信庸师之言，谓"远龙奇好，必后代有贵，但初代不吉"，恝近慕远，希图后代之富贵而误下伪地，反消已福。

不知千里来龙看到头。若到头近穴处龙既不好，其远处虽有好龙，不能受用，或别有结作。其好龙固非虚生，但不来此处融结。此山既非真龙，必是真龙正穴之奴从，或为缠托，或为夹送，或作下手关拦，或作捍门水口之砂，或是正龙枝脚桡棹仓库等件。尤须检点，再去审其少祖分行之处，某枝委是真龙受穴之山。

若是真龙，自然尊贵特异，宜于此山追寻正穴，必有真结。故审龙之要，必于入首近穴数节内为紧。譬如人之远祖，虽为王侯显贵，已在数十代之前。至于其祖父，贫困无聊，遂为贱役。

及其身，益伶丁不振，则其远祖之王侯显贵，安能庇及数十代后之子孙哉！远祖虽或贫困，至于祖父而崛起，为王侯显宦，则其一二代之子孙或受荫为官，或资产巨富，必能藉其余泽以享富贵，远祖虽贫何害焉？

此好龙所以欲其近穴，而远龙虽美，不可恃也。故凡观龙美恶及诸贵格，的于少祖山以下审之，合吉则吉，类凶则凶，祸福亲切，不差毫末也。

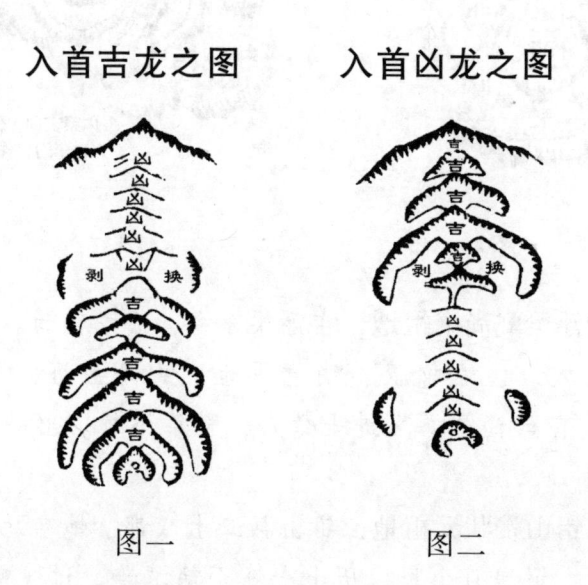

入首吉龙之图　　入首凶龙之图

图一　　　　图二

图一：此远龙不好，将入首近穴，剥变好龙，是吉地。但年代行到跌断后龙气不好处，即败，宜别求吉地接福。

图二：此则远龙好，将及入首近穴，变得不好，乃为不吉，主凶不可下也。

上审龙入首美恶，定地吉凶，乃紧关口诀，甚为简要。大凡美地，皆以入首龙吉而致福应。如浮梁戴尚书祖地，后龙甚弱，而入首为美，亦出尚书。铅山费状元祖地，来龙甚远，而近以入首三者为课，可见寻龙固当究远，而尤必以入首为准也。二图具下：

人子须知（上）

戴尚书祖地

仙鹤下日形
一取凤形

坤山申向

龙从此来

水

平田间

费状元祖地

壬向
双峰
诸孚山 侍讲 龙楼宝殿
御屏 状元旗 灵山
贵穴
天马 帽山 辅弼
水口
状元箱
下乐罩大孝山
石

芙蓉山

内系亥向，何巡司
为改墓门，作壬向。

　　图一　　　　　　图二

　　图一：浮梁戴尚书祖地，在浮梁东乡，后龙甚弱。惟到头起三台，一节结穴。左右抱卫，明堂平坦，内外应证。葬后初代出恭简公珊，官至尚书。又进士数人，科第不替。出一神仙，名曰铁仙。

　　图二：铅山费状元祖地，铅山县二十八都，地名乌石山。其龙起自黄旗峰，迢递百余里，历上七峰至徐源岭，过峡顿起合珠山，重重开帐，不及详述。将入首，穿田起玉枕落脉。左右小山夹照，状如日月。

　　正脉中起穿心，成三台。两畔均匀可爱。中落一节结穴，龙格甚贵。只是穴星独高，似露。上聚似峻。护山低伏，穴上左右，一望青天，似寒。穴前右砂俯水，似擅。阔坂明堂，似旷。横峰前朝，群山似乱。下关大琛山甚远，似宽。对面观之，本身下手无情，诸山顺奔，势随流水，似不团聚，不入俗眼。殊不知穴山独高众山低者，高为尊也。

　　穴前虽峻，"上聚星辰若开口，穴下不畏陡。放棺定有坦平

62

坡，微乳或微窝。"正合此也。左右虽低，微窝紧夹，藏车隐马，不畏寒也。虎沙顺水，乃是明曜，而非撺也。外堂虽阔，内堂已聚，不为旷也。前朝虽乱，然皆堆堆累累，如状元旗，如笔，如笏，如贵人诰轴、天马、席帽，皆合贵格。《葬书》所谓"若具万膳而洁齐"也。下关虽远，"干龙缠护隔江河也"。况信河之水朝入明堂，而河中大脚石截有力，又有绲绩石塞镇，叫岩山与大琛山交固关锁，真至吉之地。葬后四纪，长房三中科第，连丧其二，议欲改葬。丰城何巡司见而奇之曰："玉枕龙，日月峡，隐隐三峰向前插，状元宰辅此中生，兄弟叔侄同科甲。状元出世矣，何可改也！"是时，文宪公宏已十岁余，不数年果大魁天下，官至太保。子茂贤登进士，官郎中；茂良官太守。玄曾诸孙皆贵。

文宪公弟清湖公与侄探花茂中同科，九子皆贵。望湖公茂文与兄茂尹同科，参政公瑄与兄珣同科。礼部尚书钟石公寀与侄茂和同科。尚书公子茂学官太守。侄茂乐官郎中。今唐衢公尧年登进士，跻显宦，延之太仆寺丞。华，礼部主政。茂谦、茂稷诸公俱任京职。父子兄弟叔侄同朝，果符何氏之言云。

按：此处是龙真穴的。来龙虽远，至入首，穿田而起玉枕，又大断而起三台。中落一节结穴，为至贵之格，状元由此而钟，宰辅由此而孕。故观龙的以入首三节为准也。前砂子峰独秀，应文宪公戌子生。三台系丁未龙，故公以成化年间丁未状元也。

地理人子须知卷六

江右德行山人 徐善继 徐善述 同著

此一卷专论龙之出身,及剥换、过峡、桡棹、护送之详。夫观龙之法,既明其太祖、少宗、父母之节目,又当审其出身、剥换、度峡、桡棹、护送之玄微。盖自祖而宗,自高而下,迢递奔走,虽奴从之龙,凶恶之山,其势相类。苟无术以鉴之,则吉凶莫辨。故必于其出身处以原其所始,于剥换处以察其所变,于过峡处以审其所度,于桡棹、护送处以观其贵贱美恶,则龙之真伪吉凶情状自判然矣。

论龙出身

龙之出身,乃祖山发脉离祖分行处也。盖一祖之下,必分数龙,其间美恶吉凶,端倪已兆。若此出身之际特异不凡,前去必有穿落传变,融结富贵之穴。如或此处出身不美,纵去结有形穴,亦非吉地,不必追寻。其出身吉者,或宏开阔帐而穿心出脉,或连起数峰而耸拔不凡,或辞楼下殿而磊落,或叠云集蚁而缤纷,或五星聚讲,或七政连班,正穿正出,中起中落,夹护拱照,气象轩昂，枝叶蕃衍，步骤活动。《玉髓经》云："祖宗生龙百龙共，生出来时有轻重。

大龙重处在中央，其次龙行枝叶长。"吴白云云："寻地须先认祖宗，更于离祖察行踪。辞楼下殿峰峦秀，预识前途异气钟。"董德彰云："大凡龙脉初发处，若屈曲如生蛇之下岭，而两边有蝉翼护带者，前去必结大地。其出身之不吉者，则瘦弱萎靡，不起不伏，不活动折摆。"张子微云："龙无星曜低低去，此是贱龙出身处。"大抵龙之出身，如人之出处，出身不正，必非贤良，纵有显位，奸邪误国，天下受其祸。出处之光明正大者，必完名全节，天下受其福。龙脉出身何以异此！然又不可拘，固有前出不美，而后复变吉者；亦有前出大吉，而后却变凶者。如人之先虽凶恶，而后能改过迁善，不害其为君子；先虽正大，而后乃变节为恶，终不免为小人。

凡此之类，尤当详辨，不可忽略。此而有误，则认凶为吉，指吉为凶，是非颠倒，祸福谬戾矣。"

下列龙脉出身图，姑以为式，理难定拘，智者触类旁通之可也。

支脉出身图　　**龙脉出身图**

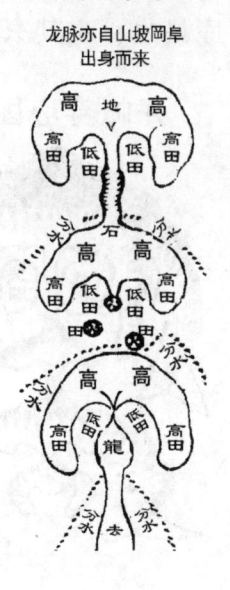

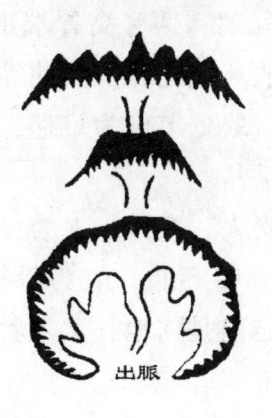

论龙开障

《发挥》云："大凡开幛穿心，须是旁起而肩末如弓稍，肩如人有肩，稍如弓有稍，横铺阔远，始为正穿心。"故此开幛穿心极贵，阔者或十数里，或五六里，狭者一二里，或三四里之远。大龙布置，百里、二三百里者，不在此例也。

凡此方为正穿心。三五丈间不足谓之正穿心，不过为中心正出之龙耳。但此开幛穿心亦不多见，间见三五节，或止一二节，但要其地传变不杂，气脉不散漫，帐中而行，或之玄飞走，或抛梭袅鞭，或蜂腰鹤膝，或鸾凤飞翔，或蛇回蝉蜕，或登梯降级，不一而足。只须龙真脉的，不必全泥穿心，此皆吉地。

又有一种穿心，稍头又起圆峰，高峻丰厚者，自带仓库随行也，主大富盛。又有一种，开幛之后，丝线穿出，特立秀峰者，幛内贵人也，主大尊贵。又有一种，开幛之后，两腋特起秀峰，不与本身联属，两旁高耸端正，此暗库星也，主其家富盛，爱妾宠妃，自收典质之状。然此等龙极为希罕，蜈蚣节已为难遇，况开幛穿心乎？

至于贵人、仓库，尤为少见矣。然此开幛穿心，故为贵格，亦未可便定前是何地，又须看前后穿变应带。

有一种祖宗不好，胎息偏伤，中间或有开障穿心，或一二节气旺者。及至穿出处，或分枝

开帐穿心图式

分柯散乱，或为断绝空亡，终不融结。此为假龙作假穿心也。然何以辨龙作假穿心也？

盖从祖宗以来，已觉偏斜丑陋，此可见一也；穿出之后，又复缓漫散乱，此可见二也；入穴之际，无神无气，臃肿昂雄，轻重不等，收拾不匀，堂局破碎，朝应无情，此可见三也。三者无取，虽有穿心，盖游龙远出，中间偶有一二节妙合贵格，然前后无足观，纵有开幛穿心，起肩结稍，亦何用也？

廖金精曰："龙开幛而出者，最为有力。金水脑为上，水星次之。要形如幛幙而角分明，有带下垂方是。中出者为上，两角出者次之。巨石在右为天关，在左为地障。形类龟蛇、串珠、印剑等格尤妙。得此护脉方可。如无，得障角遮护过亦可"。

开帐原是龙格部，但此既论出身，则开帐亦是相连的，姑言其概。诸帐格详见龙格部下。

论龙剥换

剥换者，变化也。龙之形体，自老变嫩，自粗变细，自凶变吉，皆造化之妙。杨筠松云："一剥一换大生细，从大剥小真奇异。剥换如换好衣裳，如蚕蜕壳蛾脱筐。"廖金精云："脱卸剥换粗变细，凶星变吉气。"卜氏云"星以剥换为贵"。是皆谓龙贵于有剥换也。且如金星发祖，剥出水星，水星又剥木星，木生火，火生土，土生金之类，迢迢生峰，节节合格，是为富贵之地。

若遇相克，贵有救星。如金星行龙，木星作穴，金克木，本凶，左右得火星以制之，或得水星以助之，亦为吉也。以类而推，万不失一。《九星变》篇云："凡观一星便观变，识得变星知近远。远从贪狼至破军，换尽龙楼生宝殿。一剥一变形不同，岂可尽言顾祖宗。君如识得变星法，千里百里寻来龙。"然九星之变，只取贪、巨、武、辅、弼五者为吉，谓其体势端正，头面光彩，尖则清秀，圆则肥满，方则平正，故吉。

而文、廉、禄、破四者为凶。以其体势欹斜，头面臃肿，崚嶒窜险，恶石巉岩，故尔。此五星九星变剥吉凶之大概也。凡远祖高峰是凶星发龙，却跌断过脉，退皮换骨，变出吉星作少祖山而结穴者，亦为美地。若后龙节节是吉星，中间一二节吉凶不明者，只小凶而已。若远祖是吉星，而剥出凶星作少祖山结穴者，乃为凶地，不可下也。后龙节节是凶星，只退换入首一二节是吉星结穴而葬者，亦得一代二代发福。驳到凶星，即主祸败。

后龙节节是吉星，只入首结穴一节是凶星，若穴情好，初代虽见退败，至二三代剥到吉处，却又发福久远矣。此以剥换星体吉凶，观前后节数，占年代、验祸福之大概也。

若其起祖迢迢，行至入穴，全无跌断过峡，则是无变化，必不融结。《发挥》云："龙无传变穿落，则无造化；不经退卸，则无秀气。"虽有奔走之势，摆折之形，亦为伪龙，多是奴从之山，不必寻穴。

纵有形穴、龙虎、案对、明堂诸般合法，奈何龙无脱卸，无变剥，气不全，脉不真，徒有杀气凶恶，乃花假之地。故凡寻龙，见无过峡剥变，决无融结造化，不必追寻矣。

论龙过峡

相地之法，固妙于观龙。观龙之术，尤切于审峡。峡者，龙之真情发现处也。未有龙真而无美峡，未有峡美而不结吉地。审峡之美恶，则龙脉之吉凶、融结真伪，皆可预知也，真地理家不刊之秘诀也。盖龙行延长，必须多有跌断过峡，则气脉方真，脱卸方净，力量方全。

《经》云："一断二断断了断，鹤膝蜂腰真吉地。"又云："十条九条乱了乱，若是真龙断了断。"卜氏云："一起一伏断了断，到头定有奇踪。"皆谓真龙之过峡多也。然峡亦有吉有凶，尤当细察。过峡之脉，欲其逶迤嫩巧、活动悠扬，如梭带丝，如针引线，如蜘蛛过水，如跃鱼上滩，如马迹渡河，如藕断丝连，如草蛇灰线之类为美。然须有送有迎，有扛有夹，护卫周密，分水明白，不被风吹水劫为吉。

杨氏云："一剥一换寻断处，断处两边生拥护。"廖金精云："蜂腰鹤膝最为奇，大忌被风吹。"范越凤云："度峡断跌，切忌水劫。"祝观物公《八段锦》云："龙过脉，认踪由，高低脊脉莫模糊。最要两边生护转，却愁一水过横流。"

《龙经》云"莫令四缺被风吹，切忌溜牙遭水刼"是也。盖龙之过峡处，其气束聚，最怕风吹水刼，故必有护峡之山，八字之水，乃以为真护峡山。又喜合形像。廖金精云"两边遮护喜成形"是也。或如日月、旗鼓、天马、贵人、金箱、玉印、垂缨、串珠、龟蛇、狮象、剑笏、戈矛等形者，贵格也，前去必结贵地。或如仓库、厨柜、谷堆、烂钱、辨钱、摊衣、质库、银瓶、盏箸、倒击金罇等形者，富格也，前去必结富地。然亦不必过泥形状，但以遮护周密、夹从有情为吉。若是真龙过峡度脉，自有两边护照之山远来相应。

《经》云"天弧天角龙欲度"者是也。其有峡不全美，而左边不足，则穴之左亦有亏；峡之右有空缺，则穴之右亦不周。及有峡中定穴高下、左右，并向首之说，皆天造地设，自然之应也。峡正出则穴亦正，左出则穴居左，右出则穴居右。又有正出而斜过者，则穴亦正出而斜倒；有侧出而正过者，则穴亦侧出而正倒；透顶出脉者，则穴居脚下；脚下出脉者，则穴居顶上。峡中左沙短，则穴前左沙必先到；峡中右沙短，则穴前右沙必先到。池湖过峡，前逢池住；干坪过峡，逢干坪住；石脉过峡，逢石曜住。旗鼓峡逢旗鼓住，龟蛇峡见龟蛇住。子午卯酉出脉，必作子午卯酉向，乾坤艮巽出脉，必作乾坤艮巽向，不离四字之中，余皆以例推。且其为格，有阳过，有阴过，有平地过，有穿田过，有池湖过，有草坪过，有半岭过，有高山过，有正过、斜过、明过、偷过、长过、短过、硬过、直过、大过、小过、远过、阔过。又有双脉过、渡水石梁过，及张子微《峡诀》有所谓妆台峡、台星峡、幢节峡、华盖峡、天池峡、平田穿珠峡、金箱玉印峡、双溪峡、宝剑峡、双龙峡、禁卫峡、圭璧峡、牛眠峡、石洞峡、惊蛇峡、乱茅峡、玄鱼峡、贯鱼峡、柳叶峡、重尸峡，凡二十格。

蔡西山《峡诀》有所谓双鱼峡、垂珠峡、莲花心峡、迎送峡、井栏峡、方胜峡、飞丝峡、三台飞电峡、金鱼佩峡、流星峡、钗股峡、玉带峡、方城峡、玉池峡。除删正外，凡五十九格。又有阳星九峡、阴星八峡，及三十六峡、七十二峡、阴阳台伏之说，高齐云、低印水等像，不可尽举。大抵龙之过峡，惟欲其脉之中出，势之飞扬，形之活动，星之秀异，护从周密，分水伶俐，迎送均匀，扛夹照应，高过而不悍硬，低过而无伤残，长过而不受风吹，短过而脉不粗肿，阔过而不懒散，直过而不死硬，远过而有包藏，穿田而无水刼，渡水而有石梁，斯为美矣。若或奇巧异常，有池湖、灵泉、怪石之类，尤贵。

其或龙虽可观，而过峡不美，或空缺凹风，懒散死直，偏旁过脉，水刼伤残，太长而无鹤膝蜂腰，太阔而无草蛇灰线，渡水而无石梁，穿田而无正脉，过阪而无珠丝马迹，及其两旁无迎送，无扛夹，或虽有护而低不及脉，有夹而低不及峡，前去必无融结，多有伪穴，切不可下。

又有一等凶龙，迢迢而来，更不跌断，全无过峡，直至穴场，虽极屈曲奔走之势，然无峡则无脱卸，杀气未除，不知者贪其气势之雄，星峰之美，而误下之，必主凶祸恶逆。若抽脉落下平地，脱尽杀气，变换而作穴者，不以此论。然平地亦有平地峡，与山峡无异，只看水分为准。

若平洋无峡，亦非真龙也。故审峡之诀，为地学关键，寻龙快捷方式。知此则龙亦易辨，穴亦易求，美恶吉凶，胚胎在此。此而得诀，则相地之能事毕矣。予尝谓：寻龙妙诀不难知，但向峡中究隐微。师若肯传峡里诀，倾囊倒箧泄天机。

诸峡图式具下：

阳峡 	阴峡 	曲峡 	直峡 	长峡 
此为阳峡，凹中出脉，或凹脑坦中出脉。	此为阴峡，其脉自顶有脊而出，或起突。	此为曲峡，其脉屈曲活动，如生蛇渡水，至贵。小者尤佳。	过峡之脉，要曲，不宜直。直为死脉，不吉。中间有泡者，虽直亦吉。	此为长峡，太长则易受风，宜遮护周密。又忌直长。若长而直，则为死脉，不吉。
短峡 	阔峡 	高峡 	远峡 	穿田峡 
此为短峡，峡短虽不受风，亦要断跌明白，若模糊则非峡矣。	阔峡气散不聚，要中间有草蛇灰线、微高之脊则美，两边名毡褥，亦谓之霞帔峡，主大富贵。	高峡者，山大而断处未至平地也，多是人行之岭。凡高过之峡，要护山周密。	大龙峡亦有数十里坦过者，或数里塌过，亦曰远峡。要两边迎送护应。此龙去甚远，小龙无此峡。	穿田峡，要两边皆低，中央过脉之田独高，则分水明白。廖金精谓之青苗中过骨，此峡最吉。
渡水峡 	渡水峡，要水中有石梁，谓之崩洪脉。《葬书》云"脉界水即止"。此谓渡水何也？盖水不界石脉，而界土脉。邵子曰："水即人身之血，石即人身之骨，土即人身之肉。"故血行于肉，不行于骨。血以资肉，肉以养骨以成身。惟气则无往而不通者也。			

上峡图九格，皆以脉言之也。而其脉又须有蜂腰鹤膝之形为美。末一格石脉，则有术家所谓崩洪十格，俱具图于后。

蜂腰鹤膝图

峰腰	鹤膝	
前后大中间小者是	鹤膝脉出 前后小中间大者是	凡龙脉束聚而成蜂腰鹤膝之形，其处气旺，结穴必近，杨筠松云"蜂腰鹤膝龙欲成"是也。故凡见此形，则知龙将结作，可以求索穴场矣。

十大崩洪脉图

摸石崩洪	节目崩洪	马跡崩洪	螺蚌崩洪	交角崩洪
石梁散乱，如手摸捉，在于水面者是也。	石梁相牵相连，如瓜瓠在于水中是也。	石梁如马足迹在于水中是也。	石梁如螺蚌之形在水是也。	石梁生来如交角之形是也。
之字崩洪	也字崩洪	川字崩洪	十字崩洪	断续崩洪
石梁屈曲，如之玄字在水是也。	石梁回抱如也字形是也。	石梁三条如川字形是也。	石梁纵横如十字是也。	石梁断而复续是也。

上十大崩洪，乃石梁渡脉过水，其形有此十格。然亦难以此尽其形，举此为式，触类而长可也。盖崩洪者，朋山共水之义也。廖金精云"朋山共水难寻脉，石上留真迹。唤作崩洪有十名，官

"贵此中生"是也。其说出于杨筠松。《三十六脉歌》云："崩洪之脉几多般，朋山共水实堪安。气逢水界谁能别，真龙偏向此中蟠。有人会得崩洪脉，腰悬金印入朝端。"其本旨则谓石脉之过水耳，后来因"真龙偏向此中蟠"之句，遂误认谓脉中有穴，殊为可笑。

矧此崩洪名目，以吾儒循名求义论之，亦当在排斥之例，何也？山倾曰崩，水溃曰洪，乃恶名也。而术家乃为龙脉之美称，何其背戾之甚。

故张子微谓此乃术家以此暗藏机幸，辟之而不道。予于此收之，亦姑从俗借名，以证龙脉之渡水云耳。

按：十大崩洪，李淳风《小卷》无十字、断续二名，而有筋血、交剑，与杨筠松小异。

以上所论过峡之脉，复有护峡之山图具于后。

护峡山格

此单迎单送也。	迎送多者曰双。此双迎双送，愈多愈好。大龙过峡，迎送有至数十重者，故以多为贵也。	此有送无迎也。
此有迎无送也。凡有迎无送，有送无迎，若周密护得峡过，不受风吹，亦贵。	此交互迎送也，也有吉有凶。	此亦交互迎送也，力量差胜。

迎送凡脉离山而出，两臂有护从之山，谓之送脉出身，亦曰送峡。脉起顶而上，两臂有回转之山，谓之迎脉过峡，亦曰迎峡。

上迎送峡，其迎龙之枝虽是逆转迎峡，然不可认为逆龙。盖逆龙枝脚一一望后，而正身前去，挺然独出，故曰逆龙。此则惟是枝脚逆转一二山顾峡，其正龙则自向前顺去，随身枝脚尤多且长也。胡直云"一种逆龙是迎接，反手双双开两胁。接取龙来好处传，此是龙生好枝叶。逆龙虽逆亦无害，一种交加是护峡。此等皆为富贵龙，左右均平龙在中"是也。

扛夹

凡脉从中过，两旁客山或本山特起，高卓相应者谓之扛。外山隔水远来护峡而相夹映者，谓之夹。凡扛、夹之山，最喜成形，如前所谓太阴、太阳、金箱、玉印、龟蛇、旗鼓之类，左右俱有极吉。若左右两峰高耸峙立，又名曰天弧、天角，《经》云"天弧天角龙欲渡。"

 此本山扛峡，吉格。	 此外山扛峡，吉格。	 此外山隔水远来扛峡，最吉格。	 此不成格，非峡。

附蔡西山先生峡格

双鱼峡

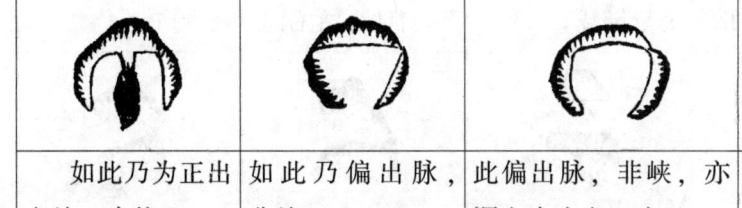

如此乃为正出之峡，吉格。	如此乃偏出脉，非峡。	此偏出脉，非峡，亦谓之来去鱼，主凶。	来去鱼，非峡。

垂珠峡

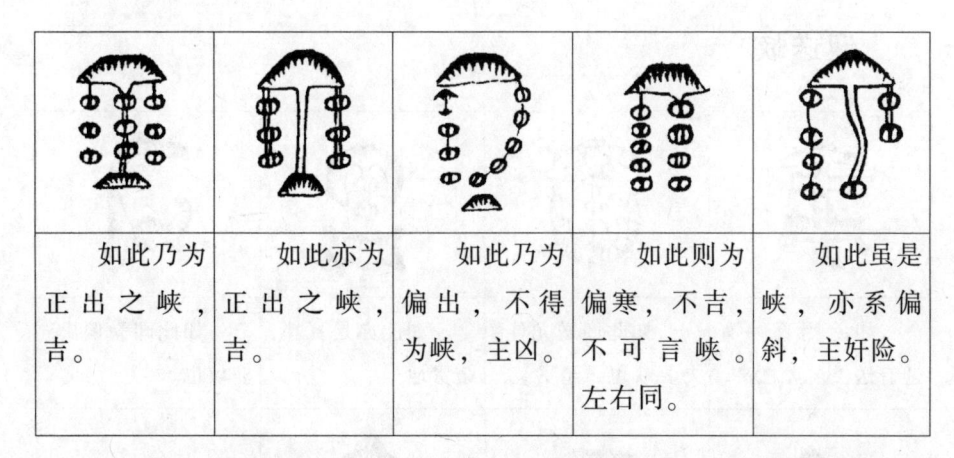

如此乃为正出之峡，吉。	如此亦为正出之峡，吉。	如此乃为偏出，不得为峡，主凶。	如此则为偏寒，不吉，不可言峡。左右同。	如此虽是峡，亦系偏斜，主奸险。

大凡峡，欲其脉从中出，而两畔护送停均。如脉虽中出，而两畔护山不匀，或边有边无，边长边短，边多边少，皆同偏论，有吉有凶。

人子须知（上）

莲化心峡

如此真莲花心峡，最为至贵。	如此即小偏，力量轻减。	如此全是偏斜，不可言峡。左右同。	如此乃真峡，极贵格
如此亦可言峡。	如此亦可言峡。	如此偏出，不可言峡矣。	如此亦不可言峡，无用之龙耳。

迎送峡

如此则真为有迎有送，至贵之峡。	如此迎送尤佳，乃真峡也，至贵。	如此亦是真峡，结贵地。	如此即为偏出，非峡也。
如此乃为交互迎送，半吉。	如此全是偏出，大凶。	如此极为偏枯，大凶。	

玉井栏峡

如此真玉井栏峡格，吉。	如此名交互玉井栏，亦吉。	如此亦是井栏迎送正格，吉。	如此名右旋井栏，亦为正格吉。左旋同。
如此系偏斜下品。	如此名方旋井栏，亦为正格，吉。	如此系偏出凶脉。	如此乃迎接井栏，亦为正格，吉。

方脉峡

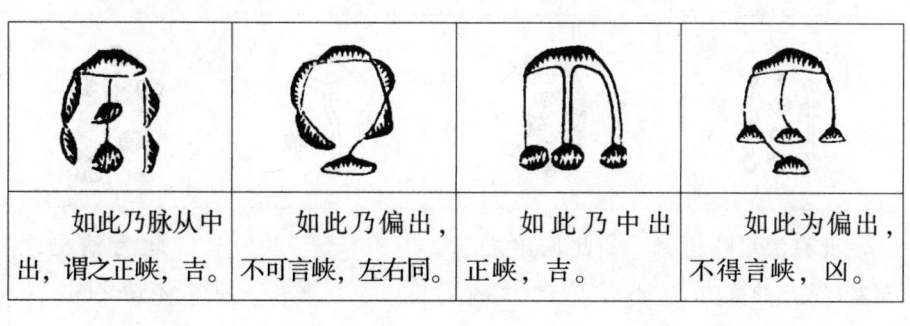

如此乃脉从中出，谓之正峡，吉。	如此乃偏出，不可言峡，左右同。	如此乃中出正峡，吉。	如此为偏出，不得言峡，凶。

飞丝峡

此但为飞丝脉，亦是偏出，不吉。	此偏出之脉，不可言峡。	飞丝虽从中出，两旁不匀，亦不是峡。

三台飞电峡

 (图)	此三台飞电之峡，第一上格。	 (图)	此偏出之脉，非峡也。

金鱼佩峡

(图)	此为正峡，主一品侯王，极贵。	(图)	此为偏出之脉，不可言峡，大凶。	(图)	此亦是脉从中出之峡，大凶。

流星峡

(图)	此真流星峡也，至贵，主出神童。	(图)	此偏出之脉，不可言峡，大凶。	(图)	此亦不谓之峡。	(图)	此为偏出之脉，不谓之峡。

钗股峡

 (图)	此乃正钗股峡格也，吉。	 (图)	此为偏出，不可言峡。

玉带峡

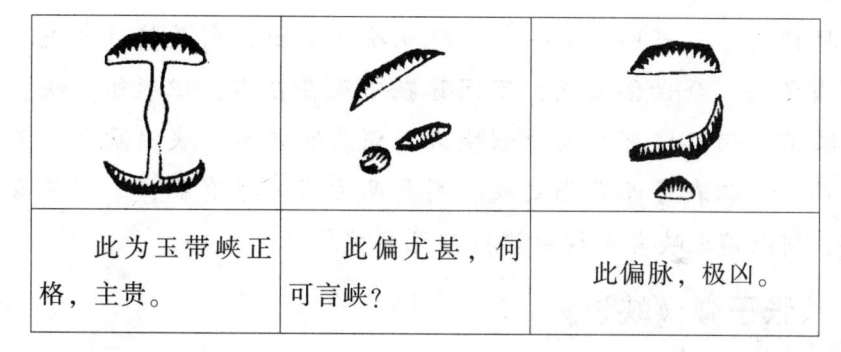

此为玉带峡正格，主贵。	此偏尤甚，何可言峡？	此偏脉，极凶。

方城峡

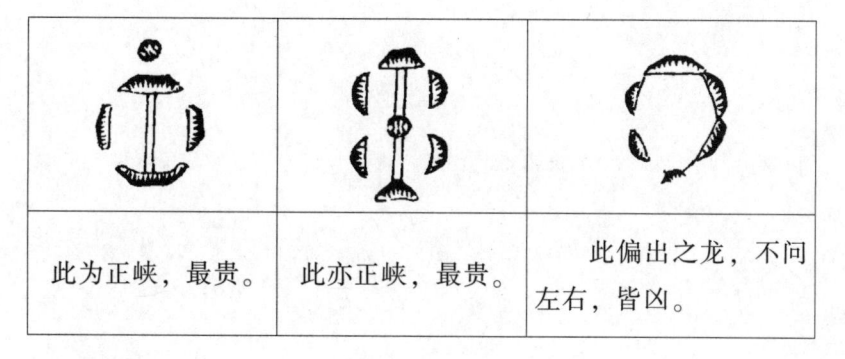

此为正峡，最贵。	此亦正峡，最贵。	此偏出之龙，不问左右，皆凶。

玉池峡

此池当脉，至贵。	此脉从池中过，两畔皆水，大贵。	此脉偏出，不可谓峡，凶。

按：蔡西山曰："峡之为格，其名不一，兹但举其形体与正格相类，而脉从旁落者辨明之。大抵回环如峡，而脉从中出，则乃所谓峡也。若回环如峡，而脉从峡两旁出，则是偏行之龙，不可谓之峡。今世俗之见，不问脉在中及在左右，但形体如峡，即以峡名，何其谬耶！夫所谓峡者，谓关峡之类。峡以蔽龙，关以收局。今脉在旁而犹谓之峡，则是两旁惟一旁有蔽，一畔孤露风寒，何以谓之峡与？故录诸格以见其旨焉。"

张子微《峡诀》

张子微《峡诀》共二十格图

粧台峡	台星峡	憧节峡	华盖峡	天池峡
幕内美女照妆台，出皇后、贵妃及一品夫人。	出台鼎大贵。	此出神仙、清高贵人，吉。	出大贵	此至贵
串珠峡	金箱玉印峡	双溪峡	宝剑峡	双龙峡
主大富贵，王侯地位。	出内相翰苑才名。	出豪贵。	出将入相，先斩后奏。	至贵
禁卫峡	圭璧峡	牛眠峡	石洞峡	惊蛇峡
出禁穴	出王侯	浊富	大贵大凶	出妖术贼将等，大凶。
乱茅峡	玄鱼峡	贵鱼峡	柳叶峡	重屍峡
出草寇大盗，极凶。	主贵	半吉	半吉	大凶

上张子微《峡诀》二十格，皆以左右护峡之形状吉凶，定峡之美恶者也。

以上峡图，载为式耳。山形变化，岂止于斯？智者察其情性之真，触类而长之可也。夫蔡氏之论龙脉者，固有偏中之正，正中之偏，有似偏而实正，似正而实偏。有正出而偏落，有偏出而正落，有前偏而后变于正者，前正而后变于偏者。有脉虽偏于一边，而外山照应亲切，不至风吹者。

有星顶正于左边，而脉则出于右畔者。有星体偏于右边，而左边枝脚反多者。有双脉相合者，有三脉五脉隐怪难明者，有石脉奇异及闪迹偷踪偏正难辨者，有微而至于无形者，岂图之所能尽哉！

其张子微之论护山者，则有不切之弊。如所谓玄鱼、圭璧之吉应于两旁，而或龙脉偏枯死弱，岂可以圭璧而谓之吉哉！盖必以蔡氏为主，而张子微之说兼之可也。大抵山形之微妙无穷，龙脉之变化不一，可以理推，难以形定。固有似吉而凶，似凶而吉者，有半吉半凶及可吉可凶者，有先吉后凶，有先凶后吉者。

毫厘之间，祸福所系，岂按图索骥者可窥测哉！神而明之，存乎其人。

论龙枝脚桡棹

龙有贵贱美恶之不同，观其枝脚桡棹而可见。盖枝脚桡棹，龙之分气也，其形体各以类从。故龙之长远者，其枝脚桡棹亦长远；龙之短小者，其枝脚桡棹亦短小。龙之吉者，其发为枝脚亦起星辰，带贵气；龙之凶者，其见于枝脚亦必恶陋，类凶形。是盖龙气吉凶不同，故迸露发泄于枝脚桡棹间，美恶情状亦自不可掩耳。姑就易见者论之，如枝脚之山广袤起伏，蕃衍拥从，或如仓如库，如剑如印，如旗如鼓，或成天乙、太乙而侍立两边，或成御屏、展帐而盖乐于后，或带金箱玉印，或带简笏牙刀，或结天关地轴，或如武将文官，或类天马贵人，或类龟蛇狮象，或如玉带金章，或如玎珰珂佩，或拔若文笔，或连如串珠，或圆如覆釜倾钟，或方若列屏贮柜，或森若排衙唱喏，或拥如队仗仪从，或济济如子孙丁壮之繁，或簇簇如奴仆畜养之众，云从雾集，侍卫森严，护定我身，不敢他往，此皆吉气之发见者也。

《明山宝鉴》云："天乙太乙者，富贵之本原；天禄天马者，富贵之任用；文官武库者，富贵之应验；左辅右弼者，富贵之维持；男仓女库者，富贵之设施。"廖金精云："惟有本身枝脚重，队仗真得用。"大凡好砂，列于前者是客山，众人所共。其在本身枝脚者，乃自家之物，一己之受用亲切者也。故傅伯通云："不贵其见而贵其不见"。

廖金精云："谁知不见乃为奇，福应没差移。"其或龙无枝脚桡棹者，谓之奴；虽有枝脚，不踊跃拔卓者，谓之弱；散漫委靡而无收拾者，谓之虚；反背无情而不顾本身者，谓之逆；凶恶尖利而反射本身者，谓之杀；拖拽太重而奔走东西者，谓之刦；及有枝脚不均，或边有边无，边长边短，边顺边逆，边美边恶者，谓之病。又或两旁垂落，如抛枪插竹、卧尸提箩，如绳如刀，如斩指断头，如茅叶之乱，死蛇之靡，灰囊投算、鹅头鸭颈，种种不吉之形，皆凶气之发见者也。

似此龙神，纵有形穴，皆为不吉。若误下之，主长病痨瘵而枉死少丁，或瘟瘟灾火而莫可援救，或官讼连年而田产退尽，或淫乱风声而败坏人伦，亦各以其类而应也。故桡棹枝脚为龙身发泄吉凶之验，讵不信夫！具图于后。

人子须知（上）

龙身带诸贵格作朝对图

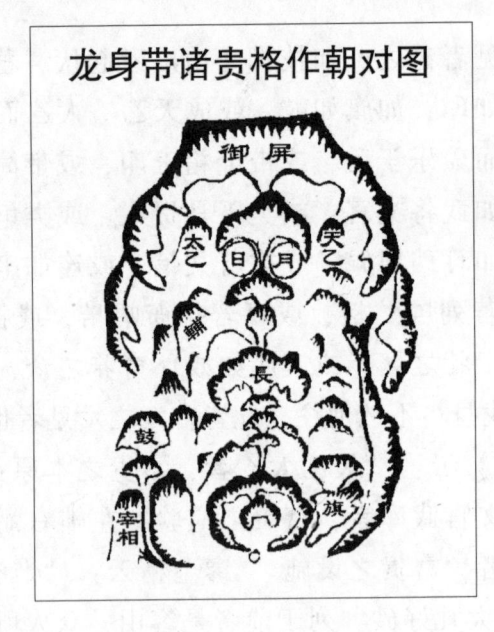

（图中标注：御屏、太乙、日月、天乙、辅、长、鼓、宰相、旗）

龙身带诸贵格作朝对图：此龙身枝脚间所带诸贵格之略也。傅国师云："凡后龙节节枝脚垂落处，要起星辰，成形像，如天马、仓库、交床、旌鼓、剑印、展帐、列屏、天乙、太乙、文官、武将等件，而顺护龙身，前去必结大地。"《一粒粟》云"不贵其见而贵其不见"者，乃此谓矣。天乙、太乙主位居台阁，日月、辅弼主位至公孤，玉佩、文武主王侯极品，男仓、女库主人财富盛，展旗、顿戟主威武，左右侍从主尊荣，旗旌、诰轴、御屏、锦帐、马旗、相台主出将入相，印笏主神童状元。

下图一：龙身枝脚所带诸凶之大略也。《快捷方式》云："凡后龙枝脚节节垂落处，或尖利带杀，或瘦弱崚嶒，或臃肿丑恶，反背走撺，或拖拽太重，或大小无伦，或长硬如枪，或细绕如索，或如重尸，或如断头，或如烟包，或如投算，种种丑形，则为凶恶，纵有形穴，亦不可下。

图二：回龙顾祖之地，本身秀气呈露于前，作我朝对之山。《经》云"未作穴时先作朝"是也。前谓"不贵其见而贵其不见"，若此者，见又何害？大抵贵通活变，莫泥陈言可也。

以上所论龙身枝脚吉凶大概，皆以垂落之形言之，未及自身发出均匀、长短、有无之亲切也。并述于后。

龙身枝脚带诸凶图

图一

龙身带诸贵格作朝图

图二

枝脚对节均匀之图

梧桐枝龙格

图三

枝脚长短不对而脉穿心

芍药枝龙格

图四

图三：龙身枝脚对节均匀之格，至贵。盖龙身枝脚，贵其对节生出，两边均匀，有无、长短、大小相同，正脉中出，乃为上格。术家名曰梧桐枝。张子微曰"停均惟有梧桐枝，双送双迎两

平势。对节分生作穿心，祖宗儿子都相类"是也。蔡西山云："龙之所以贵其枝脚对生，如梧桐枝为龙中第一贵者，其理易见。今不问名花卉木，对生为贵。凡野生草木花卉，若对节间生枝发叶者，皆可为医药，用以拯疾。此可见天地间凡对生者，皆受天地之灵气。人之手足筋骨，鸟兽之足翼，皆对生者也。其有药中木瓜、荳蔻、缩砂、大黄、黄连、黄芩等，皆不对生，然却有奇处，终与凡草有异。龙之奇者亦然。故之玄屈曲，与特地耸拔，又皆不可以穿心论。此惟圆机通变，知识过人者可与语此。"

图四：龙身枝脚桡棹虽长短不对，而交互停均，脉却穿心，术家名曰芍药枝格也。张子微云"一等名为芍药枝，左右相生亦相似。分处光圆有枝叶，交互亦有停均理"是矣。愚谓此龙格枝脚虽长短不同，然左股或先一节长，必后一节短；右股虽先一节短，必后一节长。两相抵对，却有停均之理。况节节正脉穿心，虽左右长短不齐，不害其为贵龙也。

枝脚有无交互停均之图：左图龙身枝脚虽不对节，而左右交互停均，术家名曰蒹葭叶。张子微云："左有右无过一节，右有左无本非异。此名原是蒹葭样，但要星辰得地位。"愚按：此与梧桐枝对节力量殊异，而与芍药枝颇同，其枝叶亦是来去开枝，但枝末多生丫丫，带力差重者也。此蒹葭叶枝末无丫，故力轻耳。然力量虽有不同，融结本无二理，乌可以其力轻而弃之？

枝脚有无交互停均之图

蒹葭枝龙格

枝脚偏枯之图：右龙一边有枝脚而长，一边微有枝脚之状，术家名曰杨柳枝。张子微："又有偏生杨柳枝，边有边无极乖异。"又谓："若有形穴，缠送山周密，亦可下。"愚谓此等龙，公位不均，一位富足多子，一位贫寒废疾绝嗣，偏枯太甚，纵有形穴，亦不可下。公位虽不必泥，然若此者，计子孙利害之重，亦当审择可也。

枝脚全偏之图：右龙一边有枝脚，一边全无枝脚，乃是奴龙，不结地也。其有脚边乃为山面，以顾乎主，无脚边乃为山背耳。张子微谓此格合柳星亦能出贵，但公位偏枯。愚谓此等龙是奴仆之山，决无融结道理。虽合柳星，有形穴，亦当弃置，不可下也。张子微虽或有见，予不敢附和耳。大抵龙之枝脚，贵于均匀为美。如人手足，如鸟兽之翼脚，缺一边则不能飞走，其不至于废弃也寡矣。此理势之必然，不待智者而后知也。地理之与物理，相为流通者也，奚可以差殊观哉！

枝脚长短不均之图：右龙枝脚一边长一边短，本自不均。却是节节中出，其枝短一旁又有一大枝缠送到头，亦为贵格。术家谓之卷帘殿试格。张子微云"却有偏生极贵龙，名为卷帘登殿试，不问偏斜，黄甲及第"是也。

枝脚偏枯之图

右枝脚做此

枝脚全偏之图

大凶

枝脚长短不均之图
边长边短，短边另有直缠

捲簾殿试

人子须知（上）

下图一：龙虽一边枝脚长，一边枝脚短，本自不均。然短边却傍祖山，贴身障护，又不可以长短不均论也。谚云"一祖当千山"，如人之奴仆、护从虽多，不若祖宗之庇荫福泽所及为大也。

下图二：龙枝脚一畔美一畔恶也。大凡龙神枝脚，欲其两边均匀为美。若一边好，一边不好，或边有边无，边长边短，边顺边逆，边多边少，皆为不吉，纵有形穴，亦不可下。

枝脚长短不均之图　　**枝脚美恶不均图**

边长边短短边傍祖借障　　此龙凶

图一　　　　　　　　　图二

下图一：龙之枝脚桡棹，亦如人之手足，固宜其长而忌其短。然亦有短而吉者，须是节节均匀，从中出脉，两边护山贴身缠从方可。即术家所谓蜈蚣节龙格也（如右图）。张子微云："两旁有护，极清极贵。"《发挥》云："此格脚短，必假外山缠护周密，而后可以极其清贵。"愚谓此等龙须要到头穴星开窝开钳，有龙有虎，不假外山护卫而穴场自暖方可。否则不吉，不可下也。

下图二：左龙全身活动摆折，如生蛇出洞、仙带飘空，即芦鞭袅、之玄龙、九天飞帛等格也。此等龙不论枝脚，但要缠从周密，又必起顶结穴，有本身龙虎，不藉外山而穴自暖，乃为真结。此格最贵。若出自台屏帐盖之下者，主神童状元，才名冠世。

枝脚短图　　　　　　**无枝肢图**

要护山近　　　　　　要本身有龙虎

图一　　　　　　　　图二

　　以上所论龙身枝脚桡棹之美恶，及均匀、长短、有无等说，姑就浅近者言耳。至于大龙，又难如此拘执。蔡文节公曰："迎送、交互、手脚、桡棹，此看龙之常法也。然大龙渐近融结处，多是单行，无手脚桡棹可见。其逶迤转折，平行低度，状如流水。或忽然断绝，无踪可寻；或小如引线，不认悠往。其低平之处，或为平田旷野，横阔多至数十里。或为沟池田畴，或为人烟园堑，或为小关墟市。或迥无人居，弥望无际；或渺茫沙阜，不堪步履；或隐隐隆隆，忽似鼋龟；或堆堆累累，忽如古墓。前去则逢弥漫巨浸，江湖交会，然无山可依，无形可辨。

　　此大龙之大尽处也。巨眼见此，知为大地，或可为京都，或可为藩镇。从头检点，来龙分明，缠护无缺，之玄曲屈，手足摆布，无不。

愚按：此论大龙，不可以枝脚桡棹常法拘之，最为切当。张子微亦云："且如龙行看送迎，手脚交接如蟹动。"不知大龙百十里，或数十里，俗眼以常法拘之，岂能识此？

是故龙身桡棹枝脚之说，又须辨认龙之枝干大小，而后始尽其微妙。若徒以常法拘之，则未免坎蛙之见矣。

论龙护送

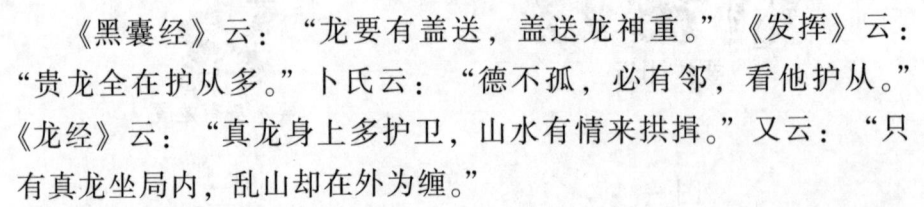

《黑囊经》云："龙要有盖送，盖送龙神重。"《发挥》云："贵龙全在护从多。"卜氏云："德不孤，必有邻，看他护从。"《龙经》云："真龙身上多护卫，山水有情来拱揖。"又云："只有真龙坐局内，乱山却在外为缠。"

又云："缠多不许外山走，那堪长远作水口？送从托山若两全，富贵双全真罕有。"是皆言真龙融结，必有护从迎送诸山以卫区之。如大贵人出入，必前呼后拥，行者辟易，观者环堵。居则侍妾数百人，或兵卒数千辈，披坚执锐，以护卫之。

张子微云："王侯簇卫须随从，出入坐起多迎送。"又云："万卒影从成禁卫，千官环列是朝廷。"莫非取谕真龙有众山之拥从耳。其单独孤寒之龙，如贫贱之人，家徒四壁，室如悬磬，妻子且无，况奴仆使令者乎？及其出外，遍国中无与立谈者，况随从呵殿者乎？故单寒之龙，最为无用，前去多作神坛社庙而已。

杨筠松云："若是孤行无护卫，定作神祠佛道宫。"张子微云："孤生独活无人伴，只好焚香作庙居。"然龙固贵于有护从，尤贵于护从多。盖护从多则地愈大。

《经》云："护从多爱到穴前，三重五重福绵延。一重护卫一

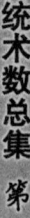

代贵，护卫十重宰相地。两重亦主典专城，一重只出丞簿尉。"又云："寻龙千万看缠山，一重缠是一重关。关门若有十重锁，定有王侯居此间。"范越凤云："大富大贵之地，如大官行衙，前呼后拥之多。小地如小官出入，从者不过数人而已。"又有长短大小之分。龙大则缠护山亦大，龙长则缠护山亦长。短小之龙，缠护之山亦只短小而已。《经》云"护缠亦自有大小，大小随龙长短来。龙长缠护亦长远，龙短缠护亦近挨"是也。枝龙必须缠护周密，朝迎秀异，送从齐整，下手重叠，方有结作。不可以一山有情而取之。

《经》云："枝龙身上亦可裁，半是虚花半是开。若是虚花无朝应，若是结实护缠回。护缠定要观叠数，一叠回来龙身顾，莫便将为真实看，恐是护龙叶交互。三重五重抱回来，此就枝龙身上做。"干龙则取远迎远送、大缠大护，在眼界宽阔中认之。张张子微云："大地迎送隔江水。"又云："大龙行到水尽头，或作州县回迤逗。必有高山作外缠，不在身旁数十里。"

《龙经》云："不知干长缠亦长，外州外县山为伴。"又云："大凡干龙行尽处，外山隔水来相顾。"

《玉髓经》云："大龙迎送、仓库，皆非本身自带。如大官出入，自有部封属境，节次措办供帐、次舍、仓库、委积，以候其求，而贵人不过随带驺从而往耳。"每经过处，无不聚起观瞻，翕集迎送。大龙之行，无以异此。小龙如小官出入，凡需用之物，莫不自带。又如富人出入，器皿帷幪，莫不毕备。然皆自己之物，不容取于他人。但车马齐整，人从伟烨，经过未尝不起观瞻，或有庄佃参观也。

大小龙之别如此，故大龙迎送、缠护诸山，各有龙脉奔来，与正龙隔水相会以为用。然不可一概取远者为护，而于空旷受风处，亦指远山为侍从。窃恐无识者睥睨大地，被野师所诳，而以单独凶龙为结大地，强指远山作缠护，执《玉髓》之说以藉其口。

是又为图大所惑也，切要入穴不受风为真。故凡护山，必有近者为侍为从，而又有远者为缠为迎方可。且其紧要过峡关节去处，必以近者为准。

譬如奴仆，近在身侧，则驱使得力。若去身已远，则呼唤未及，使令不便，安能得其力哉！又须稍高大，不可太低小，如幼童侍卫我旁。彼幼无知，不能胜我驱使之任矣；然亦不可太高大，有奴来欺主之状。只宜相称于大小高低远近之间，斯尽其妙。

智士胸中自当有活泼之机也，岂笔端所能悉哉！

地理人子须知卷七

江右德行山人 徐善继
　　　　　　　徐善述 同著

此一卷专论龙脉有旁正、老嫩、长短、真伪、贵贱诸体之殊。盖行龙之形势不同，至其结作之吉凶亦异。于此诸体辨别之真，则经纬以明，而取舍始有定也。否则，差之毫厘，谬以千里，而吉凶混淆矣，可不知所察乎？

论龙旁正

夫龙一也，而有旁正之分。盖正龙者，禀受得正气而行，而其旁受诸山皆来拱卫者也。故一祖之下必有数龙，观龙者须审其孰为正龙受穴之山，孰为旁龙从卫之山，于此分别明白，则取舍有正见也。夫所为旁正之分者，有数说焉。

《葬经》曰："重冈叠阜，群垄众支，当择其特大则特小，特小则特大。"此则以大小特异者为正龙也。一行禅师云："数龙并出孰为先？长短高低是妙玄。众短要从长处觅，众长须向短中抒。高下亦当依此诀，石山元在土星边。君今但指朝山看，朝应无情定是偏。"此则以长短、高低、土石及朝应之特异者为正龙也。吴景鸾云："数龙随出孰为奇？贵贱尊卑总要知。三五七龙同发迹，正龙必定是中枝。更看星体还特异，又审穿峡有护持。若是从龙俱不应，便于此处别玄微。"此则以龙之居中而星辰特异、过峡周密者为正龙也。要之，诸说各有攸当，而吴为密。盖中即正也，旁即偏也。特小特大、特长特短、特高特低，亦须居中为正。不但三枝五枝并出而居中，但自离祖出身，行度过峡，其脉常不离中，乃为至美。或三台九脑而中抽，或华盖个字而中出，或玉枕御屏而中落，皆谓之中。其偏龙禀气之偏，故凡出脉行度，自是偏斜，多为正龙从卫。

《地理集解》云："凡自祖山上发出五七枝龙者，须仔细辨认某枝是正龙受穴之山。"若是正龙，自出身离祖以来，自然尊重。及到过峡处，两旁必有峰峦遮护，不令风吹水射。其行动曲折处，皆活动逶迤；其起伏头面，皆端严秀丽；其手脚桡棹，皆光彩圆净，自与众山不同。

或众山高大此独低小，或众山低小此独高大。又且两旁山之形势，皆顾定我身，不敢有离动别去之状。至入穴处，其旁龙山若不是住在正龙穴后作送托、夹照之山，必是绕出穴前，堰取左右数源之水，聚在面前，为正龙穴前聚作明堂，及作护关、案山，或作捍门、水口。故正龙自是尊重，而旁龙必为正龙之用神也。大抵正龙之于旁龙，犹麒麟之于走兽，凤凰之于飞鸟，自然出类拔萃，系山川正气所钟，故融结孕育，多为贤人君子、忠臣烈士、崇儒硕辅。

而先天地间一切正人，皆正龙中出之地所能钟孕。是亦气相感召，自然之理也。其有虽居贵显，而心术不正，或为奸臣，为妒后，为邪佞之流者，则是其地虽美，而非正气所钟，或星辰欹侧之不尊，或五行克战之不美，或沙水奔流之不纯，故尔。

及有父子兄弟祖孙而贤愚不一，邪正不齐者，则又当于龙之节数、年代及砂水之方位中求之。或美中有疵，醇中有离，未能纯粹，故值其吉者为吉人，值其凶者为凶人。此亦天地无全功，造化无全能耳。至于旁龙，亦虽有穴如大贵人，所至之地，必有从行随带部属，及卑职小官，然力量为轻，却多与正龙共祖宗，共门户，共堂局、罗城、案对者，尤宜详辨，不可以旁为正，以正为旁。

然一登正穴，观正龙之规模、态度，自然气象不侔。盖旁龙自有俯伏揖让退逊之状，及奴颜婢膝顾主之形不可掩者，虽二龙并出，亦有尊卑之殊，不难见也。其旁龙之有融结者，必须本身亦有起伏顿跌，亦有桡棹枝脚，亦有传变穿落，特正龙尊贵证得，旁龙不尊耳。固虽优劣不同，未可谓其全无融结造化也。若是旁龙别无护从，而全身是为正龙所用，则无融结，纵有形穴不足取也。

论龙老嫩

夫龙一也，而有老嫩之殊。廖金精云："老是大山毛骨粗，嫩是换皮肤。"其说虽发于《穴星篇》内，然论龙老嫩，亦不外是。盖粗大者为老，巧小者为嫩；绵亘者为老，退卸者为嫩。老龙山峦蛮蠢，星体浑浊，枝脚缩短，无有脱卸剥换，径直而不活变，粗饱而不发扬，崚嶒丑陋而无妩媚之态。如老妇形容枯槁，颜色憔悴，无有生育之理者，故不可以求穴也。

嫩龙则有起有伏，有大有小，一高一下，一顿一跌，左栖右闪，之东走西，活变百端，奇巧万状，断而复起，起而又断。自粗变细，自凶换吉，脱卸清巧，如树木新发枝柯，自然条畅，开花结实，生意不息。故此龙可以索穴也。然嫩龙亦自老龙变出，故曰："老龙抽出嫩枝柯，跌断不嫌多。"大抵老龙如巨家老宿，

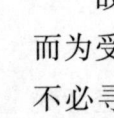

气象厚重，容貌质朴，不事修饰。然含蓄储峙，养育子孙，皆此人也。嫩龙如千金之子，娇脆细腻，承师就保，衣服鲜明，容貌美好，享有厚福。娶名家女，生贵显孙，乃此人也。

故老龙多是未经脱卸，可以为祖。而嫩龙则有穿落传变之巧，而为受穴之山也。若老龙一向不变细嫩，则为老亢，无生成之理，不必寻地。俗亦谓之老椿，以其如老枯之木，而无有枝叶之发畅也。又有一等真龙，结穴已完，犹有余气山延绵而去者，亦名曰老，是又以脉尽气绝为老。

李淳风谓"龙有归于老者"是也。此处亦不结穴，不须着眼。

论龙长短

夫龙一也，而有长短之异。杨筠松云："寻龙千里非迢递，其次五百三百里。"

张子微云："大龙千里费推寻，一二百里作郡邑。"颜氏云："干龙住处分远近，千里为大郡。二三百里可为州，过此则封侯。百里只堪为县治，下此为镇市。"是皆言龙之长者结作大，短者结作小，理固然矣。但此等长龙，大者即大干龙，小者即小干龙。或结禁穴，或为郡邑市镇，虽有遗穴，天珍地秘，鬼神呵护，以俟有德，不可妄意睥睨。今寻龙只须得百里，或五七十里，或三四十里，其次或一二十里，又其次或二三十节，亦可谓之长矣。

《玉髓经》云："小龙不下五十里，二十三十皆好地。"又云："龙行五里亦有地，何必千里百里踪？"凡求地，当辨其结穴真伪，不必拘其龙之长短远近也。且真龙融结，分牙布爪，其长者多为缠护，为下手，为水口关拦。正穴藏缩居内，又不可一概取长者为贵。

《经》云"龙无贵贱只论长，缠龙缠过前更强。君若论长不论贵，缠龙有穴反为良"者是也。况龙变化不一，固有望之似长而步之又短者。

《发挥》云："龙望之若近，寻之却远，此是龙势之玄屈折，逶迤摆布，所以若近而实远。此为上等之龙。若龙虽远而行易至，此是龙径直而无活动摆布，非美龙也。"是故论龙远近、长短，又当如此审究，大抵不可执一。譬如人之受气于父母，有顾而长者，有缩而短者。然贤不肖非在长短。汤九尺，而曹交九尺四寸。以长固无补于智愚，何长短之拘哉！但龙节长者受气多，福力必深远；短者受气浅，福力易止歇。此则有之，其于融结则无异也。

《灵台明堂经》及《宝鉴》诸书乃谓贵龙有七十二骨节，释之者又谓应七十二候，节数不足者非真龙。其谬益甚。盖龙自有骨节，如左仙《七星经》所谓"行度须观骨节奇，入穴须教骨节称"者是也。然亦特论其美恶耳，非谓拘其节数也。若必拘其七十二节，及三百六十节之说，以定龙之长短，决优劣，是执一而不通矣。

张子微云："若是执一去寻龙，行遍江湖无一地。"此类是也。

论龙真假

夫龙一也，而有真伪之辨。盖地理之说无他，大要只在辨得真伪明白。人子求地，上以安父母，下以保子孙，顾乃往往窀穸蚁泉砂砾中，岂其愿哉！良由不能辨真伪以致此耳。是故辨龙真假，乃地理第一义。

凡龙之真者，祖宗迥异，出身活动。其行度间，或开帐穿心，或星峰秀丽，有桡棹枝脚，有起伏顿跌，有剥换转变，有过峡束脉，有摆布攸扬，有屈曲奔走可爱之势。及其入首，穴情明白，下手有力，明堂平正，前案特达，四兽有情，水城水口，俱合法度。皆天造地设，生成自然之妙，初无一毫勉强。才有勉强，便非真结作。惟辨得龙真，扦得穴的，则诸般自然皆应副矣。奈何天地间凡物有真便有伪，有正即有邪。而假伪之龙乱真眩正者，亦有祖宗，亦有开帐，亦有秀丽星峰，亦有手脚桡棹，亦有起伏顿跌，亦有剥换转变，亦有过峡束脉，亦有摆布攸扬，亦有屈曲奔走可爱之势。

入首之际，亦有下手，亦有明堂，亦有龙虎，亦有朝对，奇峰罗列，逞异献秀，登局快目。昧者不察而葬之，往往求福得祸。起而视之，非蝼蚁齿其棺，则黄泉浸其骨，其故何哉？盖不识龙有真伪，不能辨认，为庸师所误耳。

《玉髓经》云"亦有龙势，侵天如登，落地如坠，起星甚秀，行地如宛，而不结地"是也。噫！天下事正而胜者常少，不正而胜者常多。故紫常以夺乎朱，郑声常乱乎雅乐，机棘有类乎美樲，而稊稗有似乎良苗。苟非胸中有一定之见以勘破之，鲜不以是为非，以非为是，以真为伪，以伪为真者矣。然真真与真伪皆易识，惟似是而非，似真而伪者，眩人心目，最难察识。凡物皆然，不特地也。但此等假伪之龙，纵然可观，终觉勉强。姑揭其概而论之：假龙虽有祖宗，而出脉不美，或强硬突露无逶迤，或崚嶒带杀无秀媚，虽有开帐而脉不穿心，或有穿心而无迎送。虽有秀丽星峰而孤削无枝叶，或偏斜带石无盖从。虽有枝脚桡棹而两臂不均，或反逆带杀而尖利，或臃肿粗恶而丑陋，或拖拽太重而不顾本身。虽有起伏而过脉无线，或懒缓不明。虽有过峡而无遮护，水劫风吹，或长腰硬直，或斜出偏落。虽有剥变而愈剥愈粗，或先吉而剥后反凶，或先强而剥后反弱。

虽有摆布攸扬，而软弱委靡，虽有屈曲奔走可爱之势而护从不周。及其入首之际，多是穴情模糊，或无穴可下，或有乳而直硬臃肿，或有钳而开阔直长，或有窟而深旷空亡，或有突而孤露懒散。虽有星体而饱硬峻急，粗大雄顽，或欹头破面。虽有下手而直懒无情，或凶恶高压，或低远无力。虽有明堂，或倾侧破泻，或直牵卷帘。

虽有水城，或牵鼻割脚，或反跳翻弓，或冲射穿箭。虽然有龙虎，或反走无情，或曲腰折臂。虽有朝山，头或尖圆而可爱，脚则走撺而可嫌。盖大本已失，龙既不真，则融结花假，自然件件不美。所谓一事假，其余皆假，纵使龙虎、对案、堂局、砂水一一合法，文笔插天，秀水特朝，亦无甚益，况背戾者哉！然此假伪之龙，多是为大龙作应护于数十里之外，或为正龙作关峡于数里之间，或孕育蛟龙而有潭窟灵湫，或结为岩冈而有奇怪仙宫，或发泄精气而有朱砂矿石，或迸露英华而为汤泉醴井，此其形体甚美，而星峰甚秀者耳。其次者，但为结穴真龙作侍卫、朝案、罗城、水口、关拦、缠托、照乐及诸般用神而已。

以真龙力量大，故其从卫之龙亦长远，逆水奔走赴局以供服役。而其行度假冒，似亦可观。只是入首结穴，必无足取。故今辨龙真伪要诀，只入首近穴数节内察之。远龙虽寻常，入穴数节合格者，决为真；远龙虽美，入穴数节内不吉者，决为假。又须以穴辨之。假龙必无穴，真龙必有穴。此又至紧要的切法也。

蔡西山云："假龙误人甚多，其摆布精神，起人眼目，与真龙无异，只是到头结果无取。故世俗之人止谓其气秀特，而时师又以真龙丑穴之说文之，鲜有不为所惑者。"诚确论也。

论龙贵贱

夫龙一也，而有贵贱之别。是故观龙贵贱之法，当先察其祖宗父母。如人之祖考系贵人贤士，其子孙亦多肖其先世。《龙经》云："生子生孙巧相似。"又云"盖由种类生出来。"卜则巍云："祖宗耸拔者，子孙必贵。"

《玉髓经》云："贵龙胎息已非常，生出儿孙踵祖光。巧妙多传愈精细，愈远愈清贵巨量。"亦此意也。故凡贵龙，其祖山必秀丽巍峨，轩昂俊伟。或宝殿龙楼，或御屏负扆，或金銮绮阁，必侵云之高，延绵之广。及其离祖出身，辞楼下殿，精神卓绝，气象尊严。行度之间，重重开帐。

《经》云："贵龙多是穿心出。"又云："帐中过脉中央行，不出中央不入相。"又云："穿心中出是真龙，龙不穿心力量细。"杨筠松云："龙不穿心，官不入相。"大抵贵龙虽千变万化，若不可以一律拘之，然未尝离乎中也。如行度之间，自出身至入首结穴处，或起或落，凡有走弄屈曲，过峡度脉，顿跌飞舞，之东走西，栖闪万态，而皆不离于中。张子微云："三台出龙三公位，华盖出龙并高贵。"亦必以中出为美。故龙格中凡玉枕、御屏、飞蛾、个字、帐幕，种种贵格，必是脉从中出，方是贵龙。若或偏落旁出，纵有贵格，亦不足取。又须星辰秀媚，护从迎托重叠。一行禅师云："青山一样并头行，贵贱须分两等名。贵者星辰多秀丽，更看缠护别真情。"又云"贱龙亦自有中穿，脚似蜈蚣不尽偏。惟乏迎送不开帐，纵饶有穴不端然"是也。至于龙有天池者，有侍卫、养荫者，尤贵。

《经》云："高山顶上有池水，此是真龙楼上气。"又云：

"池平两水夹又清,此处名为天汉星。天汉天潢入阁道,此星入相居中庭。"且贵龙自然迥异,如鹤立鸡群,如沙中金砾。

《经》云:"十山九水虽同聚,贵龙居中必异常。"及至入穴之际,前迎后拥,左侍右卫。或秀水潮入明堂,奇峰列于天表;或龟蛇禽曜之发露,印剑旗鼓之罗列。所谓"三千粉黛、八百烟花",莫不有之。

《葬书》云:"若怀万宝而宴息,若具万膳而洁齐。"其气象规模闹热如此,此贵龙出身行度结穴之大规模矣。至于贱龙,自出身以来,星峰不见,起伏不明,头面破碎而丑恶,过脉偏斜而受风,峦头带石而巉岩,枝脚尖利而反逆。或左空右旷,或边生边死。其起者,或臃肿粗顽,或崚嶒瘦削。其伏者,或散漫无收,或长腰直硬。其过峡之际,出脉偏斜,无迎无送。或长阔散撒而不明,或风吹水劫而多害。其行度之间,无穿落传变之诸体,无台屏盖帐之诸格。护从不随其身,托送不卫其主。或如死鳅死鳝之直长,或如饿马瘦牛之委靡,或粗雄而无脱卸,或分擘而成鬼劫。及至入首,或懒坦无收,或散乱无序,四势不交,八风相射。或如灰囊,或如投算,此皆不入相之龙,不受穴之山也。登局之间,砂飞水走,明堂倾泻,下手无力,水口空旷,决无融结,不足观也。

然此等之龙,本体既贱,或为贵龙作传送,或为贵龙作朝迎,或作护卫关峡,或作门户水口。如奴仆隶卒,奔走供役于贵人而无所取裁矣。

张子微云:"贵龙自祖宗父母而次,胎息浑厚。及子孙脱胎出世,便如贵家子弟,未尝单独出入。其出入,必有仪从车骑呵殿,先驱行者辟易,观者环堵。或有时微行,则其侍卫必在前后观瞻伺候,不敢相远。一闻号召,趋奔禽合。有时过关度险,如孟尝脱厄于秦关,狗盗鸡鸣,争先效力;高祖解围于白登,献奇书策,竞为释忧。一旦出关,千驷马骑,兵卫愈壮。又如见羽鸿门，剑盾交进，而沛公已在九霄之外。渡兵滹沱，千骑俱脱，萧然仅有一骑之遗。一旦脱离患难，奄六合，统八荒，万国贡珍，八蛮款塞，此贵龙之气象如此。

其贱龙，祖宗父母，如寒户老翁，终日兀坐，无人侍奉。指望儿孙逐日经纪求趁供菽米。子孙初生，胎养之时，母心忧愁，营卫乖戾。及胎成形，状貌瘦瘠，骨相迷遭，皮肤焦粗，气宇愁戚，日出趁食，乱走散行，初无委曲详缓之势；问米求财，定非宽和静定之容。如包胥乞师，倚墙孤泣，范雎脱难，出厕尸行。又如仆隶随人，看他饮食，亦似吏卒从官，供应唯喏。此贱龙之态度如此矣。"

愚按：张子微此论贵贱龙神之祖宗、父母、行度、关节，形容殆尽，无复余蕴。精详玩索而体认之，斯得其妙矣。

地理人子须知卷八

江右德行山人 徐善继 徐善述 同著

此一卷专论龙有驻跸、行止及分劈、余气、背面之所当辨,乃堪舆中奥旨,故着其要以决疑云。

论龙驻跸

驻跸山者,乃行龙暂止,如王者之驻跸也。亦谓之住脚星辰。盖此处分龙虽多,而正龙特起高大之山,暂尔停息,犹去未住。其分龙则以此山为太祖耳,故有大驻跸、小驻跸。大者延袤数百里,跨州连郡。其数百源小水于此分派,数百枝分龙于此发轫。小者亦冠一州一郡一府,或数十里。

又小者冠一邑一乡,不过数里,亦必有数十源水、数十枝龙从此去也。然皆巍峨高大,群峰攒聚,万岭纵珑。又为分龙之太祖。其大小虽有不同,不可认为少祖山也。以其大龙尚去未住,故曰驻跸。以其自此分出众龙,故曰太祖。

如王者尊居帝位,而百僚咸集,万姓观瞻。其分出力量轻重,犹之朝廷,尊卑并列,可得其概。所贵于观龙者,见其驻跸之山，看其某枝是正龙分派，某枝是从龙分派，前去结作大小、美恶，察其贵贱吉凶，一见了然。杨筠松《画荚图》所谓源派者是也。但人多畏其登高陟远，纵有眼力，每惮陟履之劳，只在眼前山麓间寻地，已失要领。纵得龙之枝脚，或亦有穴情，不过些须小地而已。岂知专龙正气，钟孕融会，宏远广邈，动收数百里山川，井蛙之见，何足语此？

杨筠松云："谁人识得大龙脊，山正好观无脚力。裹费不惜力不穷，其家世代腰金公。"诚确论耳。

论龙行止

紫琼真人云："山去水去随送去，此是龙行犹未住。山走斜飞水不停，不是真龙作穴处。"诚以龙行未止，不可寻穴，谓之行龙，又谓之过龙。《葬书》云："气以势止，而过山不可葬也。"盖龙原其所起，穴乘其所止，必须辨认龙止处，方可求穴。

《青囊奥语》云："第一议，要识龙身行与止。"故凡山势奔走不停，水势峻急不环，门户不关，罗城不卫，水山不团聚，皆是龙行之处，未为止息。虽有奇形巧穴，而山水无情，亦不足论。若乃龙之真止者，则玄武顶自然尊重不动。

《葬书》云"其止如尸"。下手诸山则自逆水回拦，左右随从之山则自枝枝齐止，不敢他往。朝对迢迢远来，亦并止于穴前，如拜如伏。诀云："止之中有大止者，谓诸山诸水皆无不止也。"其水必数源齐会，或汇为深潭，或折如阿房，或弯如绕带，或聚如锅底、掌心，溶注不散，无泻漏倾倒、牵拽直去之患。

《葬书》云"洋洋悠悠，顾我欲留"是也。见众山咸止，诸水咸聚，是山水大会处，必有真龙融结，宜于此处寻觅真龙受穴之山。若大地止聚之处，犹必有北辰、华表、捍门、游鱼、禽曜、罗星等象列于水口。必内宽外窄，堂局广而水口狭，重重关锁，方是大地规模。若山水虽有团聚之状，而门户不关，或有关而低小，或一重远一重，一山低一山，大象似关，而实则旷阔无交锁，则亦无大融结。

纵有小可结作，亦易衰败，不足取也。故审山水之止聚，于水口即可见之。盖水口关锁则内气融聚。故论龙之行止者，于水口亦得其大情焉。

论龙分劈

龙以正来气聚为吉。其枝脚虽贵蕃衍，而自有旁正尊卑之不同。而好龙正气自专。若分枝劈脉拽拖太重，则分散精灵，力轻气弱，不能融结。谢子期云："龙脉摆劫散乱，或去或来，分夺不定，则生气为其所耗，而吉穴不能成也。"分劈短而少者为鬼，长而多者为劫。

《龙经》又谓之漏胎泄气。故凡鬼劫之龙，气弱力衰，不结吉穴，但能为寺、观、庵、庙而已。《坤鉴歌》云："劈脉分枝是鬼龙，直如鹅颈曲如弓。小名为鬼大为劫，只为神庙有灵通。"若分去之龙又回转护我，作我用神，则又不畏其分劈去也。杨筠松以龙之分劈，名曰天劫。故云"天劫便是龙分去，劫去不回无美利。天劫虽去若回来，回朝面前拦穴水。"又云："天劫又去作他穴，已去又复分脚转，拦在面前看优劣。"又云："水若迂回山若转，定知天劫不为灾。"故分去之山，若回转亦不妨。如不回则凶也。

《经》云："分枝劈脉不回头，夺我正身少全气。"吴景鸾《快捷方式》云："若后龙分劈已去之山，又复回转，或来前面作朝应，或随龙之左右作缠护，或去水口作捍门、关锁，或住穴后作乐托、遮帐，则虽分去，复来为我用神，不可作分劈论。"大抵枝龙最怕分劈，盖枝龙气薄，再有分劈，则气愈耗散，是为鬼劫之龙，安能融结吉穴？若干龙则气旺盛，其发一枝一叶，尚去数十里，安能拘其无分劈？而其分去枝叶，皆有结作，但力量轻重不及正穴耳。是故干龙必有分枝劈脉，故其融结真穴，必不在大穷尽处。

杨筠松云："大地多从腰里落，余枝前去作城郭。"又云："有劫方为福，无鬼不成官。"其即此之谓欤？

论龙背面

夫背面者，山龙有情无情之分也。盖开面处自然光彩齐整，秀媚好看，如人面向有情，此处始可寻地。背立处自然巉岩破碎，粗丑不美，如人背向无情，此处不必著目。故辨背面乃堪舆家一件紧关，于此一失，万无一用。

《玉髓经》云："人有背面地亦然，要须细认乃可扦。"吴景鸾《指南》云："凡大小山岭，与山枝脚，皆有背面。肥饱、拱突、峻急、粗恶、丑陋、无枝脚而曲瘦凌夷者为背，秀丽者为面。安坟立宅在面一壁，主人财兴旺，绵绵不绝。"是言背面之当审也。但祖有祖之背面，护有护之背面，穴有穴之背面，山龙平地，莫不皆然。以祖山言之，大山行龙，出身顿起星辰，必有背面。

《指南》云龙楼宝殿，亦有背面之状，不可不审。其面一壁迥然秀丽，离祖出身，迢迢行去，起祖发身，堆堆跌跌，隐隐隆隆，或三五里，或十数里，必去融结美地。其背一壁，则漫漫壁立，拱突粗恶，不生乳脉，亦无枝脚垂落。藉也有之，亦只悬针尖利，不离大山，不起主山，不结星辰，亦不出身行去。纵出身行去，亦不过半里、二三里而止，不能融结美地，但为神坛佛宫而已。即有形穴，必有坑陷不足处。所以寻地须审背面。若是山背，决然无地，不必登山索穴矣。此论主山背面也。至于从山护卫，真龙势趋一边，亦有背面。故其向主一壁，有拥护主龙之情者为面；其突兀峻嶒，或枝脚尖利，或枝脚全无，而本身壁立者，即背也。凡此护龙背向者，必无结作；护龙面向者，始可寻地也。大龙行度之间，分牙布爪，踊跃驰骤，两边均匀，无分背面。惟将及作穴之际，则有背面之分。开面处本身宽平，枝脚交护，内堂平聚，外阳开畅，洋朝迁回，水城环抱。

《经》云"若是面时宽且平，若是背时多陡岸。面时平坦中立穴，若是面时朝水缓。萦纡环抱入怀来，不似背边风荡散"是也。其背边山水无情，或空缺，或逼窄，或陡峻，或丑陋，或巉岩，多受风吹水劫。《经》云："山回水绕虽似面，浪打风吹崖壁寒。"张子微云："山水无情未是面。"故凡正龙，将及结作，必逆向一边而入局，开面结穴，前有毡褥，后有盖托，左右有两山来卫，下手一臂有力，有堂气局面可证，山水禽集有情，自不同也。

《龙髓经》云："龙面有山兼有水。"又云："山环水聚为龙面。"其背边自然无许多形状。此论山龙背面也。至于平地之龙，亦有背面。

《玉髓经》云："若遇穴在平田，四面皆山水朝应，不知何如分背面？曰：逼窄水割处是背，砂宽水缓处是面。有一种区穴，一畔砂绕水缠而太迫，俗师泥山水所在，遂以背为面。不知平田旷野，未尝无内明堂。须面前有天然内堂，然后可扦。如四面皆无明堂，即是绝气之地，虽有朝应，不可下矣。切勿谓穴在平阳，只取外阳朝应为证，而失背面趋向之正也。"盖平洋穴，必须开口方有凭据。

师云："平洋不开口，神仙难下手。"既有钳口，自有内堂。堂既正，自有案山。无案山亦须有朝水。口诀所谓"穴证朝堂堂证穴"，"无山要水朝"是也。故平洋地，以开堂辨背面，极亲切妙诀焉。以上论背面详矣，然又不可泥执。有一等龙气极旺处，一起一伏，一屈一曲，皆合龙格，成星体，而过峡脱卸犹多。两边俱有形穴，虽其结作有正受旁受不同，力量大小不一，然此处之背面，则难以一律拘矣。

吴公《秘诀》云："也有真龙似瓜藤，一回起伏一弯转。弯转之中皆有穴，此处未容分背面。两边皆有穴星明，穴穴皆有真应现。岂无假穴使君疑，到此尤宜详细辨。"

《龙经》云："纵饶已能分背面，面得宽平背崖岸。假如两水夹龙来，屈曲翻身时大转。一回顿伏一番身，一回转换一回断。两边皆有山水朝，两边皆有水打岸，两边皆有形穴真，两边皆有山水案。两边朝迎皆可观，两边明堂皆入选。两边缠护一般来，两边下手皆回转。此山背面未易分，心下狐疑又难判。不应两边皆立穴，大小岂容无贵贱？"是言真龙气旺处，两边俱有形穴。但正受旁受，大小贵贱，力量不同，而结作则不异也，未可以背面拘之。然亦未尝无背面之分。但认背面，不以龙而以穴，故曰"真龙无分背面，惟结穴处乃有背面。其外应亦各立门户，而有堂局案对以证之也。"

如吾邑南门外诸名墓，只在三四里间山水，而结数十穴吉地。虽大小不同，富贵有异，而其融结为穴，则皆家家有格，且多吴、赖、傅、董诸仙师所下，有课验证应，是其式也。图下：

邑南长塘诸姓名

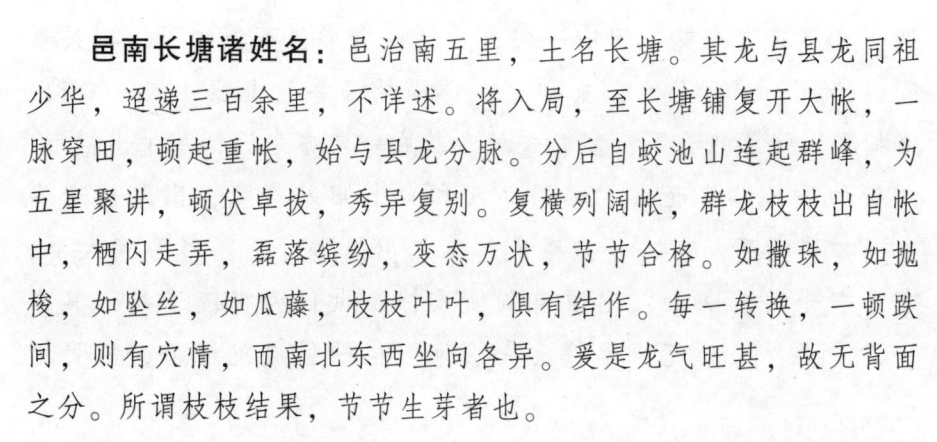

邑南长塘诸姓名：邑治南五里，土名长塘。其龙与县龙同祖少华，迢递三百余里，不详述。将入局，至长塘铺复开大帐，一脉穿田，顿起重帐，始与县龙分脉。分后自蛟池山连起群峰，为五星聚讲，顿伏卓拔，秀异复别。复横列阔帐，群龙枝枝出自帐中，栖闪走弄，磊落缤纷，变态万状，节节合格。如撒珠，如抛梭，如坠丝，如瓜藤，枝枝叶叶，俱有结作。每一转换，一顿跌间，则有穴情，而南北东西坐向各异。爰是龙气旺甚，故无背面之分。所谓枝枝结果，节节生芽者也。

其正结者为孙尚书祖地。入首走马文星数节，复起侧脑太阳金星。扦挨金剪火之穴。右臂拖出曜星石印，圆平奇特，以镇下关，此贵证也。系本邑郎庆和下。葬后岁寒公原贞登进士，官至兵部尚书。其孙清简公需，官吏部尚书。至今富贵未艾，催官地也。

余氏眠犬形，富地，税粮千石，出一侍御。后一穴亦余氏，风吹罗带形，国师傅伯通下。课云："秀水东流三百步，子孙五世拜皇恩。"果五世出贵。

朱氏地，出观吾公尚宾，登高科，跻膴仕未艾。对面地余氏，草蛇吐舌形，赖布衣下，出进士数人。

余氏地顶背，方氏挂壁灯形，出东冈公定，官佥宪。方地左一穴，蒋氏莲花形，郎庆和下，亦有富有贵。又左一穴，祝都谏祖地，舒马山大同下，详穴忌卷。上一穴亦蒋氏，仰天螺蛳形，郎庆和下。祝地前一穴，余氏蛇形地，赵缘督翁下，有富有贵。蛇形对岸一枝，亦余氏，工字龙地，有富有贵。庙左一穴天门徐真州公墓，出二理学，三忠四孝，典州郡邑佐数十人，芳谷公三省提学。

其左一穴，朱氏富地。又左一穴，余氏富地。内一穴孙氏地，出荐山公汝逵，官文林郎，未艾。余氏风吹罗带形左一穴，钟氏地，有富有贵未艾。田中一穴，吴氏铜罗形，董德彰下，出吴景鸾以清，子护，孙浚，玄孙宠，今福祉未替。山麓一穴，朱氏，蜂桶形，张落魄公下，富旺未替。其右一穴亦朱氏，寒牛出栏形，郎庆和下，巨富旺人。其下郎庆和自卜阳基寿藏，出入康宁寿考，和议清高。其右一穴董氏，宝剑出匣形，董德彰为族人下，今世袭千兵。课云：出匣宝剑使人惊，世代为将统千兵。其内一穴，张尚书公宪祖母徐氏夫人地，俗呼猛虎跳墙形，催贵地也。

左一穴，余氏，黄龙出洞形，出背山公钩，官太守。沿河逆上，一坪坡中为烟村，尽为孙氏伯清公地，倒地贪狼格也。其前为余氏、钟氏、张氏诸地，不能悉。黄龙出洞右一穴，土星挂角，蒋氏地。蒋地右一穴，蛇形，为彭氏地。彭地又右一穴，仙人大座形，余氏地。又其右，为仰天湖，赖布衣下。余氏名地又其右，为蒋氏上下二穴，郎庆和下。又其右，为程氏二穴，上穴眠犬形，董仙下；下穴猛虎吐涎形，张落魄翁下。

以上诸地，皆名师课验名墓。尚有数穴，莫能悉图。又有遗珍，以俟有德。由其龙气盛旺，故融结之多如此矣。

论龙宾主

宾主者，乃受穴之山与朝迎之山相对之谓也。受穴山为主，朝迎山为宾。最要主宾形势相称，情意相孚。切忌宾山陵主，情性背驰。张子微云："主要欺客客迎主。"蔡牧堂云："地理与人事不远。人之情性不一，而向背之道可见。其向我者，必有周旋相与之意；其背我者，必有厌弃不顾之状。虽有暂焉矫饰，而真态自不可掩。凡相对如君臣，相恋如夫妇，相亲相爱如兄弟骨肉，此皆向我之情也。凡相视如仇敌，相抛如路人，相忌相嫉如仇雠逆寇，此皆背我之情也。观形貌者得其伪，观情性者得其真。向背之理明而祸福之几见，此深得宾主相称相孚之意也。"若宾主无分，亦不可下。

《葬书》云："参形杂势，主客同情不葬。"盖地虽贵宾主有情，尤贵宾主分明。若宾主不明，阴阳无别，是之谓争龙争主，不可用也。范越凤云："千山万水难形状，中有来龙为主将。前峰磊落尽拱揖，端然一穴龙头上。忽然破碎无定形，争龙争主休寻访。"夫众山相聚，其受穴山必独尊贵，异于他山。而左右护送诸山，皆缠从拱揖，虽有起伏、顿跌、逶迤、星峰、枝脚，而奴颜婢膝，顾主之态自不可掩，其贵贱固易辨。惟朝山龙亦自远来，

《经》云："朝山与龙一般远，共祖同宗来作伴。客山千里来

作朝，朝在面前为近案。"以其远来朝拜，故亦有星体，亦有起伏顿跌，亦有枝脚护卫。及其止处，亦自尊重可爱。苟不细察，亦与受穴之龙无异。此最能惑人。《经》云："凡有星峰去作朝，此龙骨里福全消。譬如隶兵与奴仆，终朝跪起庭前伏，那有精神自立身？时师只说同关局。"以其既为朝拜之山，则非真龙，本身已为他人作用神，岂有真气融结？时师不识此理，或谓其同关局，或谓其好龙身，妄于作用。不知大地融会处，众山众水有情。正穴既立，朝应及左右之龙皆踊跃奔腾，如赴君召，安得不有可观处？

《玉髓经》云："月自西升东岸白，云从上起下方阴。"陆象山释之曰："月生于西，而白乃从东，以白处为月则非矣；云起于上，而阴乃在下，以阴处为云则非矣。"犹言穴在于西，而有情之应在东，不知者求穴于有情之应则非矣。杨筠松云："窗外月明窗内白，水边花发水中红。"与此义同。吴景鸾《地理快捷方式》云："凡南北两山相对，皆可作穴者，须当辨认主客。作穴为主，作对为客。是主山必起伏而屈曲，是客山则堆叠而直朝。盖主山之龙自然特异，客山虽有似主之状，细察其行度，自有不足处，必无穿变缠落诸格，必无过峡、度脉、脱卸。纵有之，亦受风吹，无扛夹护送。不是星峰孤露，则是星面峻急顽硬；不是全无枝脚，则是枝脚短少不扬，来势似活而实直，护从似随而实散。及至入首，手足敛伏，星辰开面，虽有假形，类于穴情，必然陡峻顽硬，突露臃肿，而无安和攸扬舒泰之情。其明堂、水城自然反背，或割脚，或冲心，或射胁，或当面流去朝主。

吴景鸾《快捷方式》云："只把两边水消详，若南山是主，水城必抱归南边，北山是主，水城必抱归北边。"《龙经》云"问君主客皆端正，两岸尖圆巧相应。主是三山品字安，客亦三山形一般。客山上见主山好，主山上见客山端。此处如何辨宾主？只凭水抱便为真。水城反处便为客，多少时师误杀人"是也。如或水只平过，则又审其护从之山何边有情。客山必无从龙拥护。

《经》云："凡看疑穴看堂局，堂局真处抱身曲。忽然平过却如何？即以从缠分部属。从缠护托辨真假，朝山无从托其身。朝山直来身不曲，真龙屈曲不朝人。"或两边皆有结作者，必不与穴相登对。吴景鸾云："或有南北两岸，二龙皆有形穴可葬者，亦必水城抱归南边，又复抱归北边方可。"

《明堂经》云："水曲朝南，水北穴明；水曲归北，水南穴情。水湾所搠，此穴堪营。"大抵寻地大法，凡到一村一乡，一源一局之间，先看水势归于何处。其水城弓抱，与水势明堂相聚之处，则可寻地；水城反背，与水势明堂倾跌之边，不须著眼。前辈谓"未看山，先看水"；又云"知水之所在，则知穴之所在"，诚捷法口诀也。

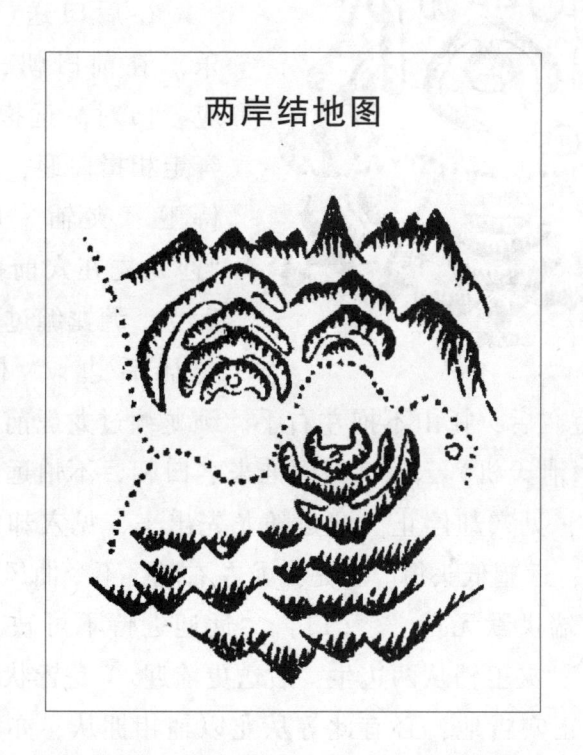

两岸结地图

两岸皆有龙穴，则水城先抱一家，又转一局复抱一家，方扦两岸之穴，是其式也。

论龙奴从

侍卫缠送护托朝应迎拜图

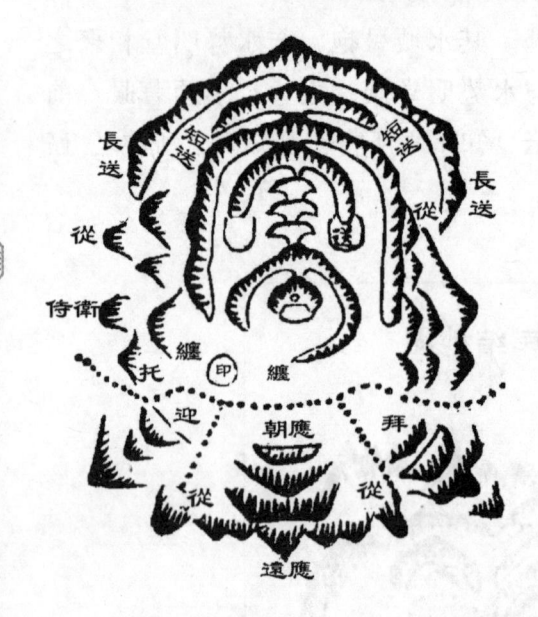

奴从者，即真龙之缠送护托、侍卫朝迎等山也。既有真龙融结，自有诸山拥从，如云从龙，风从虎，众星拱极，自然之应也。但所处之地不同，其名亦因之不一。

在后曰送，曰托，曰乐。在前曰朝，曰案，曰应，曰对。远抱过前曰缠，奔走相揖曰迎，列于左右曰侍卫、夹辅。廖金精云："迎龙先在穴前揖，送龙穴后立。缠龙缠过龙虎前，托龙居后边。"杨筠松云："送龙之山短在后，托山不抱左右手。缠龙缠过龙虎前，三重五重福延绵。"《泄天机》云："当面推来名曰朝，不怕远迢迢。送是随龙来百里，见穴却停止。迎是随龙先出来，见穴却回头。或随朝迎来聚集，远望低头揖。卫是护龙左右随，不令曲风吹。侍在穴前分两边，端拱默无言。"又曰："远迎近侍不可缺，只喜皆罗列。"又曰："夹卫辅从两边生，后送更前迎。"是皆状诸从山之形容。而真龙正穴吉地，必有此等从龙以辅相拥从，亦造化自然融会，非勉强所能致也。

郭景纯曰："气以龙会，独山不葬。"《宝鉴》云"真龙之行，群山朝揖，有随有从，有迎有送，有关有护"是也。然从龙之山不曰从砂，而曰从龙，必其亦有星峰磊落，奔走栖闪，逶迤活弄，顿跌起伏，桡棹摆布，亦能眩惑人目。昧者多误以从龙认作正龙。不知从龙既为正龙所用，则其本体不尊，纵别立门户，为随带旁受之穴，其力量终不及正龙专受之大且尊也。

《经》云："朝迎护从亦有穴，形穴虽成有优劣。"又云："朝迎护从岂无穴，轻重多与贵龙别。"又有一等奴砂，乃从山之至贱者，旁落偏出，粗顽无星体，委靡不顿跌，丑陋斜侧，臃肿孤露，水割风吹；或嵯峨巉岩，高昂雄恶；或破碎懒散，全无枝脚。种种凶形，如奴隶武夫，供给贱役，无所取裁，决不可寻穴也。

论龙余气

凡干龙大地，龙长气盛，结穴已完，山势难止，必有余气之山，或去数里，或去数十里。其去又多融结小穴，随其力量，皆有发越。切不可认大尽处为正结，以正结穴为腰落。误认则正受旁受无分，力量大小不辨，反以大地为小穴不取，而以小穴为大地矣。

世人不识大地，多被余气山所混。彼无真见，必于尽处结穴，方为龙尽气钟。不知大地结作，不在大穷尽处，多在四山拥从之中，结了必有余气之山。

《经》云："君如寻得干龙穷，二水相交穴受风。风吹水劫却非穴，君寻到处是疑龙。"张张子微云："龙将尽时难更去，分付从兹是余气。或为枝叶或余波，要识此般总无气。"故凡寻龙，须识大小受穴不同。小龙须尽处求穴，大龙则不然。盖缘龙长力大，到结穴处气甚旺盛，一齐收敛不尽，故此去犹长尔。然扦得真穴，其去山虽远，而气脉皆收转穴内受用，谓之牵前扯后，故力量大。

却又不可误认停驿龙歇穴作干龙正结。停驿龙歇之穴，乃是斩关腰结之地，大龙前去，自有正穴。

《经》所谓"譬如人行适千里，岂无解鞍并顿宿？顿宿之所虽未住，亦有从行并部曲。"然此亦是大龙旺盛处透漏余气，小有结作而已。干龙正受之穴，乃是融结已毕，而有余剩之气，延袤而去，自不与停驿龙歇同也。杨筠松所谓"真龙势踊难顿住，结穴定了气远去"是也。然其去也，或回为下手，或转为托乐，或反绕身为缠护，或奔走水口为门户，或耸于前为案，或发于左右为曜，或拖于后为鬼，或铺于前为毡。要皆为我用神，虽去不足畏，非分散龙气，为鬼刦之比。杨筠松云："大地皆从腰里落，回转余枝作城郭。"吴景鸾云："余气不去数十里，决然不是王候地。"故大龙气盛者，方结此穴，小龙无之。又须详审精察，不可以过龙虚伪之处而误下也。

张紫琼云：不必山穷水尽方可作穴，大尽处多应休囚死绝，或风吹水割，反不受穴。真龙正穴盘泊之处，分牙布爪，结穴外有三五里或十数里山势未尽，皆是余气。真穴必居囊肚之间，气脉平正，明堂隐约，如封君甲第、大官行衙，必有堂阶门郎，必有引从护卫。

赵绿督云：寻龙须大尽为好。太穷尽则风吹水割，又反无力。须结穴了有余气方为大地。切莫错认大穷尽处穴。一则脉穷气散，二则护渐包穴不过，三则风吹水割，四则局面明堂宽广不聚，五则受气不盛，后托无力，决非大地。从有地亦不过一点露华垂于草尾而已。

范越凤云：大富大贵之地，必不在大穷尽处。大穷尽处多是风吹水刦。真龙盘泊，必分牙布爪，结穴之外，有三五里或十数里余气，并皆暗助。如人之巨室，其寝息之处，必在堂奥之中矣。

婺源朱子四世祖妣地：右余气之说，本是怪穴。此等名墓，处处有之。如婺源朱夫子祖地、莆田林婆墓、乐平洪忠宣公、马碧梧丞相、吾邑张忠定公诸祖地，皆其格也，图附下。

婺源朱子四世祖妣地

图中文字：
尖
缝针丙向
信州外山
此格远在天表非天朝
气清不可得见尖秀
特异
鹅子降
沙砂横襄穴内不见
金官坑岭
浦边龙岗

朱熹祖地：上图在婺源县二十七都，地名官坑岭，乃朱夫子四世祖妣墓也。予兄弟观朱氏文公家谱，四世祖名惟甫，配程氏，行恭二，名荳蔻，葬二十七都丹阳乡环石里，地名官坑半岭，金斗形梁上穴。庚申山，正坎作丙向，嘉佑四年己亥八月吴景鸾下。

课云："金斗穴居梁，朝案信鸦岗。溪山环九曲，道学世流芳。"未下之前有记云："官坑龙势异，穴高众山聚。坎离交媾精，笔峰天外起。富不及陶朱，贵不过五府。当出一贤人，聪明如孔子。"

按：此地正干，迢迢甚远，不能悉述。比入首，横列云锦帐。帐之巅微起双峰。峰下各出微脉，隐隐隆隆，数节走马峨眉大星，贴在帐身。微茫合气，细察则有，粗看则无，非俗眼所能检点。入首束气结咽，复顿起土星开窝之格，形体甚秀。窝间又有微乳，穴粘乳头。坐下平坦，藏风聚气，穴情完固可爱。两旁拱卫罗列，莫知为万仞山巅。元辰水虽当前倾跌三十余步，得本身一掬近案横拦，紧巧有力，不见水去，且迂回曲折，亦不为害。但主离乡

人子须知(上)

而已。故文公迁居建阳，乃其验也。近有鹅子峰作案，已自秀异。而外阳又有特异奇峰，远在天表，耸入云汉。登穴视之，势如焰动，清奇可爱。且水星帐北，火星朝南，东木西金夹照，土星结穴居中，谓之五星守垣，真至贵之地也。然以俗眼观之，龙身奔去三十余里始尽，而此间以横落微茫数节之脉结穴，高在山巅，无明堂，而水又流去甚远，孰识为此等大地？虽然，我文公朱夫子乃间气所钟，固非一穴之地所能孕育。然以课记考之，其符应若是，孰谓于地理尽无与哉！

〈传疑〉：乐平洪士良同师吴景鸾至官坑岭下。士良偶渴，探泉饮之。走谓师曰："此泉甚异，当有至贵之地。"国师亦往，索泉尝之曰："是泉有翰墨香，岂但贵也，当产大贤！"因至山巅观之，果见其穴。惊曰："秀钟于此，以报朱氏。"然其地自山下至穴所约七里许，而送龙两水，右出石检土名，前水直流五店土名，穴高水远，不利初代。窆岁毕，用巨石压而封之。后果以不利欲迁焉，竟得石压而止。又云：初，献地者谓有天子气象，未决。往邀其师，系一僧来观，曰："当出夫子"。吴景鸾晚年落髪学禅，故传为僧耳。按《吴景鸾传》有"髡髪自纵"是也。

福建莆田林婆名墓：此地在福建兴化府城内，土名乌石山。其龙与府龙共祖，来历甚远。至紫帽山，连生紫微、紫霄，名曰三紫。磅礴绵亘数百里，盘旋融会，气势雄伟，千形万状。将入局，开帐重重，巍峨嵯峨。复大断过峡，分为两枝。其右出者结府治及莆田县都阃、卫所、儒学各衙门；其

福建莆田林婆名墓

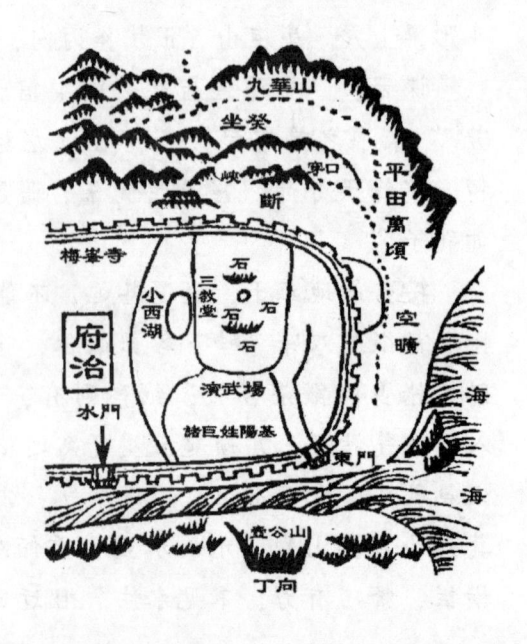

左出者，自分脉后复穿田，连过数峡，顿伏栖闪，逶迤活弄，莫可测度。入首，起走马三台仙带贵格，卓起巨石，如奇葩，如灵芝。穴结石下，仅寻丈之土，为骑龙穴。穴前不数丈，复起巨石，昂然朝拱，取作观音坐莲形，以其群石绕穴也。穴下龙脉撒落平阳，去结方、林、黄、陈诸族阳基。正近穴前，为演武场。右水绕左，以接海潮。壶公山端严朝拱，以为正案。但左边一旷百里，直抵大海，莫有下关，龙势不止。右砂撑过明堂，兼以巨石磷磷，无龙无虎，孰信以为大地？唐时，林母卖糍粿。有蓝缕生日逐食粿。母与之不吝。岁久，生谓母曰："吾受母惠，无以报。吾将去矣。乌石山有大地，母可图为寿藏，异日富贵无穷。"林母从其言，果葬之，今称为糍婆墓，福建各林之祖。世谓"无林不开榜"，此地之钟秀也。自唐宋迄今，科甲之多，海内莫与伦焉。

洪忠宣公祖地：右穴在乐平，地名岩前，宋忠宣公洪皓曾祖妣地也，乃公曾祖士良所下。士良拜师吴景鸾，深得其旨。扦此地，具图作课，用朱笔于出使马处拖之记云："后世吾子孙有出使外国，久不远乡者，可以拖处凿断即返。"后果忠宣公使金，久未归家。检此图，如其语断之，公遂得返。迄今凿处迹存。忠宣公三子：文惠公适官枢密使，文安公尊官同知枢密，文敏公迈官端明学士，世称三洪云。

按：是地来龙极旺，入局为三台飞蛾，中抽一脉，穿田过峡即结穴。穴甚清巧可爱。穴下铺平坦，前为干坪，复自

洪忠宣公祖地

地名岩前
风吹罗带形
穴前逼窄不见明堂

左起微埠，顿二小峰为案，拖脚顺水，为马头带剑，主使外国耳。但穴前逼迫，既无龙虎，又无明堂。其穴后之山又连起四峰，成星体，而去甚远。虽重重卫穴，然以俗观，则鬼刼太重，乌知此余气适足以证力量之大耶！且拖去之曜，当时已知为离乡砂矣，乃不凿天于葬之日，而顾俟其出使久不回也，使凿之。凿之而果回也，是何料事于豫如目前也哉！地理自有符验处，要之，哲师之有真传，有定衡，有灼见，俱不可少也。藉令凿于未有忠宣以前，则曜气被伤，安知果能得忠宣者起而应之？又不然而即凿于出使之初，吾恐出使者又祸且不测矣。噫！各各不爽，此所以称哲师哉！

丞相马廷鸾祖地：在乐平县，地名雀儿龙。廖金精课云："先师黄老善寻龙，五福源头两发踪。东山来祖四十里，丙午丁未山为龙。迢迢宛转干亥骨，干亥五里穴其中。丑癸二山为出面，出面是穴为仙官。坐癸向丁来正案，案前耸出贵人峰。贵人卓入青云里，日月捍门山更隆。秀山在案头边出，排衙列阵山重重。男女子孙分位次，一十二座贪狼峰。庚寅生人遇年月，甲科当出状元公。午未生年为最妙，高荐及第荣祖宗。惜乎水短居绝位，富夭贫强贵不终。

按：是地以廉贞作祖，迢递数十里，入局开帐顿跌，大小一十二峰，龙势旺处，转身结顾祖之穴，极其藏聚。穴垂乳头，前

马丞相祖地图

吐毡褥，下臂抱裹，四势拥从有情，近案圆平，远朝秀异，虽穴在穷源，局甚逼窄，而山皆光彩不丽。且水出口处，两岸卓立石墩，水从中流，谓之日月捍门，至贵之证也。余气山去数里，又结方御史祖地，可见气盛不已也。但坐后仰瓦，又无乐山，横龙结穴，形势不止，又扦粘穴，非明师其孰能下之？相传黄师所下，惜失其真名。廖金精撰课称曰"先师"，盖亦深服之矣。

张忠定公祖地：右倒骑龙穴，地在吾邑新营水南五里，土名乌石源，游蜂戏蝶形。宋参知政事忠定公恚祖地，系国师吴景鸾下。课曰："前有三峰，后有七星，水分八字，官显无涯。后出一宰执、二候、进士五十余人，登仕藉者百余人。子孙甚蕃，称十院张氏。今富贵未艾。

按：是地龙自高岭天池峰卸下霞帔，垂丝落脉，为冈埠，在平坡间磊磊落落，如蜂屯蚁聚者，相望数里。过峡重重，而枝叶甚蕃衍，护从极周密。比入局，却又如抛梭，如撒珠，之玄走弄，栖闪万状，不可捉摸。殆未易以形容其美也。有龙如此，安得不结极美之穴？故其穴结后，又有许多余气去为阳基，为阴地，适见正穴之力量极大耳。但余气山虽去，为横帐列于穴后，枝枝叶叶，包裹穴之左右，并为水口两边龟蛇等砂。却登穴不见有山，立于坟头，回视背后及左右，一望皆为青天，似于空旷。而结穴处最低平，又非高垄俯视群卑之比。远着脚力，仔细检点，始知群山皆有情穴场，未敢离也。且近案既

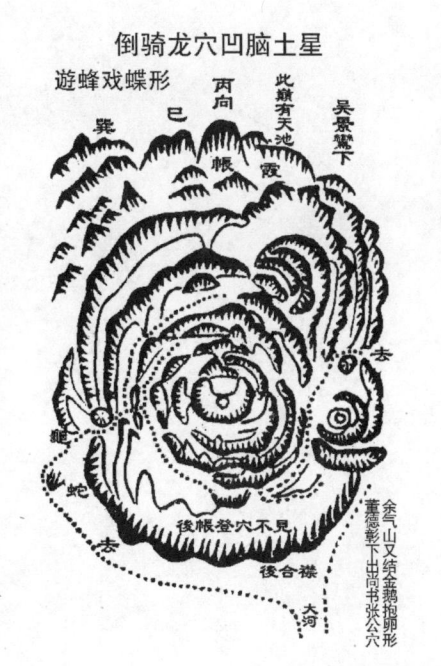

倒骑龙穴凹脑土星
遊蜂戲蝶形

张忠定公祖地

不端尊,远朝又不秀异,又无龙虎,又无明堂,又不见水。面前簇簇多山,似于逼窄。而穴后反空,无一可入俗眼,谁信为此等大地?予兄弟初尝裹粮担簦往观数次,莫测其奥,驳难推求,竟亦无凭。后获穴法真传,始知其妙,妙在穴也。故此等怪穴,苟非有天然之美,即过龙矣。《葬书》五凶,此其一也。赵缘督翁云"十个骑龙九个假",正恐人不识有穴无穴而误下过龙耳。故哲师全在识穴。

以上诸图,皆是结穴之后,有余气之山奔去数十里。其去者因皆为我用神,而却又有结作,但力量为轻耳。如文公祖地结穴后,去数十里结方宪副祖地仙人抱龙形,及黄氏祖地董氏虎形。林婆墓结后,又去作诸贵族阳基。张忠定公祖地结后,又去作桃枝源金鹅抱卵形,出尚书张公宪。马丞相祖地结后,又去作月形方氏祖地,出御史公干。凡此之类,务须详辨,不可以正结之穴误认为停驿,为斩关腰结小康之地,而以大尽处余气所结小穴,反认为正结大地也。

地理人子须知卷九

江右德行山人 徐善继 徐善述 同著

此卷专论龙有山垄、平冈、平地之不同,初落、中落、末落之不一;又有生死、强弱、顺逆、进退、福病、刲杀之殊,出脉受穴,入首结局之异,皆龙家之肯綮也。

论龙分三势

《经》曰:"五气行乎地中,发而生乎万物。其行也,因地之势;其聚也,因势之止。是故气囿于形。"而形分三势焉,曰山垄之势,曰平冈之势,曰平地之势也。何谓山垄之势?其龙踊跃奔腾,起伏顿跌,磊落低昂,《葬书》所谓"若伏若连,其原自天。若水之波,若马之驰。"又曰:"势如万马,自天而下。"吴景鸾譬之"群羊之出栈"者是也。李淳风名为起伏脉。何谓平冈之势?其龙逶迤奔走,屈曲摆折,之东走西,活动宛转,《葬书》所谓"宛委自复,回环重复。"又曰:"逶走东西,或为南北。"吴景鸾譬之"生蛇之出洞"者是也。李淳风名为"仙带脉"。何谓平支之势?其龙坦夷旷阔,相牵相连,珠丝马迹,藕断丝牵。平中一突,铺毡展席，《葬书》所谓"隐隐隆隆，微妙玄通，吉在其中。"又曰："地有吉气，土随而起；支有止气，水随而比。"吴景鸾譬之"草蛇灰线"者是也。李淳风名为"平受脉龙"。虽变态不一，若难以定法拘。然大都不外此三势耳。三势不同，其融结力量轻重大小，本无二致。然所谓山谷多起伏格，平冈多仙带格，平阳多平受格，亦只举大概言之。

要之，三格之龙皆起于高山大垄，而分落平冈平地，故虽山谷亦有落平冈平地而结穴者。平地中亦有墩埠忽然连起而结穴者，此则又为奇特。盖山谷以起伏为常，而落平田则脱卸得清；平田以平受为常，而起墩埠则气聚得旺。

《经》曰："高山大岭多尖峰，不似平原一锥卓。"《赋》曰："穷源千仞，不如平地一堆。"是言平地以墩埠为贵也。《经》曰："山来垄右尖如削，尽起贪狼更高卓。此地如何不出文，只为峰多反成浊。"又曰："或从高山落平地，或从大山落低小。不知山穷落坪处，穴在坪中贵无敌。"是言山谷以落坪为贵也。然起伏格虽星峰磊落，而平冈平地亦有星辰。惟是倒地平面，未易检点。吴景鸾《口诀》云："眠倒星辰竖起看，却与高峰同一样。高峰万仞受风吹，不是平波龙气旺。"是故三势之龙，各自有妙，未可以星峰高下论优劣也。如以天下大形势论之，陇、蜀、两广多山，冀、周、齐、鲁多平洋，吴越多冈埠，而人才在在有之。可见高山平地之融结，其禀有造化则一也。

起伏图 	左起伏格：一起一伏，大顿小跌，断而复起，起而又断。或高或下，有低有昂。卜氏云："一起一伏断了断，到头定有奇踪。"宜星峰磊落，山势奔腾，千峰耸秀，万岭巍峨，为得其本体。	仙带图  要活动摆摺，屈曲悠扬。	左仙带格：屈曲摆折，逶迤活动，如生蛇，如飘练，如之玄，如飘带。卜氏云"脉若带连，何必高昂之阜"是也。宜活动摆折，屈曲悠扬，为得其本体。
平受图  要势如浪涌吉	平受图 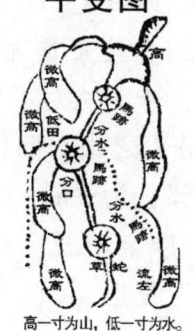 高一寸为山，低一寸为水。		左平受格：脉落平洋，一望无际，相牵相连，微有体势，高一寸为山，低一寸为水。卜氏云"势如浪涌，何须卓立之峰"是也。要平中有突，为得其体。

论龙三落

龙之落局，融结不一。而其大要有三：有初落，有中落，有末落。李淳风云："龙有旺于初者，有盛于中者，有归于尽者。"《明山宝鉴》云："有少龙之穴，有中龙之穴，有尽龙之穴。"二说皆言初落、中落、末落之理，无异意也。然此三落之势，特言融结力量之大者耳。其间分擘小康之穴尤多，固不可以小康为正三落之正，亦不可拘三落之正而弃小康之地，贵在人之通变矣。

初落龙

初落龙者,自祖山发下,离祖不远即结顶,降势过脉,起星结穴开局。朝山耸前,托山列后,或祖山作乐作障,而龙虎护卫,明堂融聚,下手重重,水口周密,四山团拥,骨肉一家,亦为真结。但以其离祖未远,故名初落。顾氏云:"初落由来近祖山,局势必须完。"李氏云"龙有旺于初者"是也。

中落龙

中落者,自祖山发下,去祖已远,迢迢而来,大顿小伏,中间忽起高山以为少祖。自少祖下,或六七节,或十数节,再起星辰结顶,降势过脉,落局束咽融结。其大龙犹自作势远去,而分行却在少祖之前。此处特一关局,未为大尽,故名中落。朝迎山则拜于前,护从山则障于后。其分去之山,回作我用,或为下手,为水口,为关拦,为托乐,为城郭,为关锁。杨筠松云:"大地皆从腰里落,回转余枝作城郭。"廖金精云:"中落余枝作城郭,吉气于斯泊。"李氏云"有盛于中"是也。

末落龙

末落者,自祖山发下,迢迢行度,一起一伏,奔东走西,离祖极远。山势将尽,前去或临大江大河,或临大溪大湖,或临田坂小涧,山脉已尽,再无去处。而于将尽未尽之际,顿起高山以为少祖。自少祖而下,或数节即结顶,降势束气,结咽成穴。或据江湖,或据溪涧,或下山一臂横拦,或翻身逆张大局,而有隔水外洋朝拱。或脱落平洋,藏迹隐踪,如蜘蛛坠楼,流星度汉,抛球闪迹,铺毡仰掌,金盘金盆而作平地之穴矣。隔江隔河,远山朝应。凡此皆规模宏大,局势广阔,三阳六建,莫不具备。廖金精云:"末落名为大尽龙,气势最豪雄。"李氏云"龙有归于尽者"是也。然亦不必拘于据江临河极穷尽处寻穴,必结穴之外有余气,方是大龙末落之穴也。

按：诸书有言初落、中落、末落者，有言少龙、中龙、尽龙者，其义皆同。惟《泄天机》复有"分落后龙擘脉去"之说，而淳风《小卷》有"龙有归于老者"之说。二说另为一例。要之，至理则老龙当与尽龙同科，分落宜与中落互论。但老者，大尽穷绝不可取；分落数节，短小不尽同，皆非龙家之美，在人以意会之。

论龙形势十二格

《泄天机》龙格曰生，曰死，曰强，曰弱，曰顺，曰逆，曰进，曰退，凡八格。以生、强、顺、进为四吉，死、弱、逆、退为四凶，固为攸当。而《明山宝鉴》又有生、死、枉、福、鬼、刦、应、游、死、揖、病、绝，凡十二格。除生死二名相同，其应、揖、游、绝、鬼、刦之龙，各亦形同名异。如应、揖即顺、进之属，游、枉、绝即死、弱、退、逆之类。而福、病、刦、杀四格，犹出廖金精八格之外，亦不可遗。今合取之，共为十二格。《大全》中复有毒龙、枉龙、伤龙、蛀龙等名，无非病龙、杀龙、逆龙之类，兹不重收。下此又有所谓斗龙、衡龙、枢龙、机龙、胎息龙种种异名，则无理致，不敢取也。今将诸龙名义异同开列于下：

枉龙：祖山而下，局促不舒，全无收拾，即弱龙。

鬼龙：分枝擘脉，即刦龙。

游龙：悠然而去，即弱龙。

绝龙：孤单无力，水刦风吹，即死龙。

毒龙：枝脚反序，尖利带杀，即逆龙。

枉龙：尊卑失序，大小无论，即退龙。

伤龙：伤损崩破，凿断来脉，即病龙。

蛀龙：穿凿泄气，空洞岩穴，即弱龙。

败龙：气脉枯竭，不生草木，即弱龙。
斗龙：枝脚反序，尖利带杀，即逆龙。
衡龙：枝脚铺扬，气势雄伟，即强龙。
枢龙：穴后一节高一节，即进龙。
机龙：枝脚顺序，即顺龙。
胎息龙：有起有伏，即生龙。
踏确龙：穴后一节低一节，即退龙。
孤龙：全无护从，即弱龙。
奴龙：枝脚偏枯，即从龙。

强龙图	死龙图	生龙图
 低昂多节目	 死是无起伏	
生龙者，星峰磊落，枝脚活弄，行度摆拽之谓也。《入式歌》曰"生是低昂多节目"，盖其龙自出身以来，一起一伏，有低有昂，分牙布爪，左趋右闪，活动逶迤，如鸾翔凤翥，如鱼跃鸢飞，而皆有生意也。《宝鉴》云："自祖山发足而来，大顿小伏，如生蛇之渡水，如啄木之飞空。至降势出身，左右有脚。入穴端正，应案分明，谓之生龙。此龙最吉，必结富贵大地，主人丁生旺，奕世富贵。	死龙者，峰峦模糊，脚手仿佛，本体直硬之谓也。《入式歌》曰"死是无起伏"，盖其龙自离祖以来，粗顽臃肿，无起伏，无摆折。其势如鱼失水，如木无枝，如顺水随流，如死鳅死鳝，而皆无生意也。此格最凶，不能融结。纵有形穴，必为虚伪。若误下之，主穷苦下贱，遂以死绝。虽作神坛社庙，亦不显灵。	强龙者，星峰迥异，枝脚撑挐，体格雄健之谓也。《入式歌》云"强是奔走势力弘"。盖其龙自离祖以来，形势轩昂，力量盛大，摆折横阔，行度自由，如猛虎出林，渴龙奔海，指爪攫挐，鳞甲坚立而强盛也。此格最吉。如融结成穴，主骤富骤贵，威名掀揭，一时功业强盛。

弱龙图	顺龙图	逆龙图
	 枝脚向前	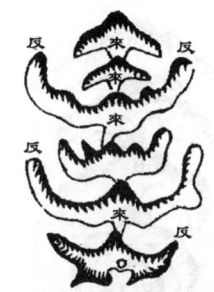 逆龙枝脚往后去
弱龙者，星峰骨瘦，枝脚短缩，本体攸缓之谓也。《入式歌》曰"弱是瘦崚嶒"。盖其龙自离祖以来，飘飘散散，全无收拾。险峻嵯峨，浮筋露骨。尖小懒缓，随斜无依。陷削而不充实，虚浮而不光彩。形如鹅头鸭颈，败柳残花。势如饿马伏枥，孤雁失群，而怯弱欹撑也。此龙多遭风吹水刮，不能融结。纵有形穴，亦为虚伪。若下之，主孤贫伶仃，疾苦困弱。	顺龙者，星峰顺出，枝脚顺布，行度团聚之谓也。《入式歌》云"顺是开挣向前往"。盖其龙自离祖以来，尊卑有次，送从趋前，上下照应，左右环抱，有瞻恋之情，有照顾之意。如星拱北，如水朝东，而眷恋不忘也。此龙最贵，如融结成穴，主富贵绵远，百子千孙，孝顺和睦，多福多寿。	逆龙者，星峰侧立，枝脚逆趋，行度乖戾之谓也。《入式歌》曰"逆自望后去"，盖其龙自离祖以来，高下不伦，忘前忽后，行度处桡棹不随，入穴处龙虎不卫，如水之逆行，如鹢之退飞，而肆散背戾也。此穴最凶，纵有形穴，亦为不吉，主凶暴忤逆，盗寇军配。亦有边顺边逆者，张子微云"一种半逆半顺行，多为反戟祸不轻。长幼吉凶分左右，悖逆爷娘身受刑"是也。故逆龙切不可下。

进龙图	退龙图	福龙图	病龙图
進是龙身节节高	退是渐消條		
进龙者，星辰迭次，枝脚均匀，行度有序之谓也。《入式歌》云"进是龙身节节高"。盖其龙自离祖以来，辞楼下殿，精神俊异，起伏低昂，伦序不紊。自粗剥细，由老出嫩，如凤览德辉而下，如鸿戏水而飞，而进趋有渐也。此格最吉，如融结成穴，主文华弈世，富贵双全，蛰蛰螽斯，满门朱紫，发福悠长，进益不替。	退龙者，星辰失次，枝脚不伦，而行度退后之谓也。《入式歌》曰"退时渐消条"。盖其龙自离祖以来，本无正气，勉强行度，始小终大，龙低穴高，如人之踏碓，如船之上滩，而高下失等也。此格最凶，纵有形穴，亦为不吉，主一发即退，无多力量。	福龙者，祖宗贵而从卫多也。其龙自离祖以来，护从稠密，前后相应。枝脚虽不大扬，而有仓有库；星峰虽不卓拔，而不恶不粗。但无大摆布尔。如有福之人，上得前人之荫，下得奴仆之供，而坐享安乐也。主发福悠远，富贵康宁和义。	病龙者，本体虽美，而有瑕疵者也。其龙自离祖以来，禀气偏驳，美中不纯。出身行度，起伏顿跌，变动活走，虽皆可观，而枝脚边有边无，边生边死，边美边恶。或一畔周密，一畔陷缺；或一节活动，一节死硬；或一边圆净，一边破碎；或星峰美恶不一；或四山送从不周。凡此之类，皆谓病也。虽有结作，而祸福相半，好中不足，美事不周。

同病龙图

同病龙过脉被伤害

刔龙图

杀龙图

又有一等病龙，离祖以来，星峰秀丽，过峡周密，枝脚桡棹，盖送缠护，件件合法。只是龙身当紧要处，或经凿断，或以崩颓，或蛟龙冲坏，或取土取石，或开窟井，或当穴踏路成坑，破损穴相。或穴顶开造寨庙，伤损星头。或前葬已多，而凿损真穴。或误开阳基而掘垦破坏。凡此之类，皆伤气脉，故曰病龙，亦曰伤龙、蛀龙、残龙。如人断腰折颈，破面损头，无能再续之理。纵有诸般美处，皆为无益。若误下之，主凶败废疾，少亡孤寡。

刔龙者，龙身分擘多也。自离祖以来，无有正条，东牵西拽，左分右擘，嫡庶不明，旁正莫辨，真气分散，龙脉不聚，全无收拾。《明山论》云："分枝擘脉，或反或走，或离或析，或欹或侧，或尖或石，或高而枯槁，低而薄弱，皆名鬼刔。"凡龙以分擘多者为刔，少者为鬼，在前者主官事，在后者主疾患是也。此格最凶，纵有形穴，必不可下。主盗贼侵刔，疾病官灾。若刔去而复回，作我用者，不以此格拘。

杀龙者，龙身带杀而未经脱卸者也。自离祖以来，巉岩险壁，丑恶粗雄，露骨带石，枝脚尖利，破碎欹斜，臃肿硬直。或全无跌断过峡，或虽经脱卸，而恶形不改，观之而毛骨悚，步之而心神惊。凡此之类，皆谓杀气凶露，名曰杀龙，最为凶恶。若误下之，主凶狠强梁，为嗜杀诛夷惨灭之应。

论龙出脉三格

凡龙之穿落缠变，皆有出脉，其格有三：曰中出、左出、右出。其融结力量大小轻重，皆于此决之。廖金精云："穴后落脉

中出脉图  	以此为例，凡两畔山形均匀者皆是，不论起顶降势，或高或下。中出脉者，受穴之龙自离祖、出身、落脉及过峡、落穴等处，脉从中出，左右均匀，蝉翼仙带，夹护齐整。或开帐贯中出脉，谓之穿心；或列屏台盖星，而脉从中落；或左右摆布均匀，而脉从中发，皆谓之中出脉。若护山周密，不被风吹，则其融结必真，力量必大，主巨富显贵。凡贤人君子，一切光明正大之士，皆中出脉所孕毓也。
左出脉图 	左出脉者，龙之出身、发脉，及行度、过峡、入穴等处，脉从左畔而出。山之形势，左少右多，两畔不均。只是蝉翼、仙带及外从皆照应周密，故前去亦有结作。若偏旁出脉，而从山不周，则无融结，不必追寻矣。
右出脉图 	右出脉者，龙之出身、发脉，及行度、过峡、入穴等处，脉从右落。山之形势，右少左多，两畔不均。只是蝉翼、仙带及外从皆照应周密，故前去亦有结作。若偏旁出脉，而从山不周，则无融结，不必追寻矣。
护脉砂图 	凡脉之左右微有形迹，护脉出身者，名蝉翼，亦曰蝉翅。而旁送脉之砂高大而长，名曰仙带，欲其均匀。

要中出，中出方为吉。左出为轻右更轻，轻重此中生。"是真伪美恶，祸福吉凶，皆胚胎于此，实地学之关键，不可不察也。

以上出脉三格，中出为上，左出次之，右出又次之，左右全偏则无足取。但山龙变态不常，固有前中出而后偏者，亦有前偏出而后中者，又有交互中偏者，又有似偏而实中者，必须详辨，庶得其情性之真。图具下。

此全是中出，至贵，主文章勋业荣显，王侯极品。	此先中出而后偏者，不吉。纵有形穴，小康而已。	此先偏出而后中者，亦作次格，主小贵巨富。
此交互中出，亦主富贵，而心术不甚正矣。	此交互偏出，一左一右，却相承应，亦作吉格。	此似偏出而实中者，不可误作偏斜，主文章荣显。
此格似中出而实偏，然节节相称，而脊脉屈曲均匀，亦作次吉。	此亦中出之格，最为闪巧，然而亦作吉，主贵而不至极品。	此则全偏，不能结地，只作奴仆砂。

论龙受穴三等

凡龙之受穴，初落、中落、末落之外，又分三等。其力量轻重，亦有不同。所谓三等者，曰正受，曰分受，曰旁受也。正受之穴，力量极大，发福悠久；分受次之，旁受为下耳。此以力量大小品其优劣。但结作真实，三者皆吉，不可以旁受力量之小而专一图其正受之地。明师下地，如大匠用木，大者为橡，细者为榱，转栌椳闑居楔，各当其宜，岂可以其为小材而弃之？卜氏云"大富大贵而大者受用，小福小吉而小者宜当"是也。大以成大，小以成小，良师岂可无善裁之术乎？

正受穴

正受者，龙势迢迢，虽分牙布爪，万岭千山，皆为我用，千里百里，尽钟于此。而特结正受之穴，其力量最大，其发富最久。《至宝经》云："正龙专受，富贵长久。"

分受穴

分受穴者，正龙身上分出一枝，起星辰，有枝脚，过峡传变，皆有护卫。自立门户，自开堂局，以结形穴，不为他人作用神也。但非正枝，乃分落之龙融结者，故曰分受穴。力量随龙长短，亦能发福，但不如正受之长远耳。《至宝经》云："挂龙分受，富贵难久。"

旁受穴

旁受者，多是正龙旺盛，或于过峡处，或于枝脚桡棹间，或于缠送护托从龙之上，或龙虎余气、官鬼之所，带有小穴。傍城借势，或别立门户，随其大小，结为形穴。穴情明白，四面登对，亦能发越，但易成易败，力量全轻。张子微《玉髓》云："也有一龙生数穴，或轻或重故有诀。"杨筠松云："千里来龙只一穴，正者为优旁者劣。"蔡西山云："大凡一龙，不专一穴，本身随带，必有小穴。如大官宦必有从官，大衙府必有曹属。第轻重大小不同耳。"此旁受穴之谓也。然此等小穴，发福极速。但正穴下后，夺其龙气，必败。诀云："正龙未下旁龙发，下了正龙旁龙歇。"《捉脉赋》云："真穴未葬，虽边傍而可发；正穴既下，尽气脉以兼收。"此之谓也。

论龙入首五格

龙之入首，其格有五：曰横，曰直，曰回，曰飞，曰潜是也。廖金精云："直龙原是撞背来，中出贵徘徊；横龙原是从侧落，逆转须磅礴；回龙原是曲翻身，顾祖要逡巡。飞龙原是结上聚，昂首真奇异；潜龙原是落平洋，蔽脉自悠扬。"然此五格，特举其入首一节言之。故直龙不必拘其后之屈曲，横龙不必拘其后之不横，学者毋以辞害意可也。

人子须知（上）

直龙入首	横龙入首	飞龙入首
 此格最吉		 此格乃上聚，穴前平坦，贵登穴不知高。
直龙者，乃撞背入首，顶对来脉而结穴者也。此等撞背龙结穴，发福极快，或稍逐元辰亦不为害。以其撞背直来，气势雄大，必有余气为毡为褥耳。	横龙者，乃横脉入首而结穴者也。或从右来，或从左来，须要穴后有乐有鬼。廖金精云"横龙穴后必要鬼，乐星宜后峙"是也。此穴不宜元辰直长。	飞龙者，乃上聚仰高而结穴者也。以其势高而昂，故曰飞龙。须四应皆高，立耸上聚，仰势受穴，方为真结。此穴力量最大，贵重富轻，以其水多不聚故也。必交牙关锁为吉。

潜龙入首 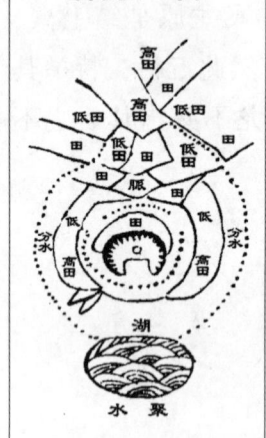	潜龙者，龙气撒落平地而结穴者也。即所谓平受之脉，高一寸为山，低一寸为水。须要平地有凹，或开钳口，水势环绕，方为真结也。	回龙入首 	回龙者，乃翻身顾祖而结穴者也。《经》云"宛转回龙似挂钩，未作穴时先作朝。朝山皆是宗与祖，不拘十里远迢迢"是也。然亦有大回龙、小回龙及盘龙穴等格，皆是也。

　　以上入首五格，出《泄天机》，固为精当。但龙有藏踪隐迹，入首闪侧而出于五格之外者，今增闪龙入首一格，庶极其微妙云。

闪龙入首

闪龙入首者，龙脉栖侧躲闪结穴也。山势直去，而脉侧偷闪于侧以结穴。若泥于直步龙神，撞脉取穴，则误矣。吴景鸾云"只泥穿心直串去，不识真龙转身处。真龙闪巧转身多，岂惟直串为可据。俗师不识玄微诀，只向直穿寻正穴。寻到山穷脉尽时，不论有穴并无穴。惟以撞脉顶来龙，下了误人贫与绝"是也。盖顶龙求穴，固是正理。但真龙奇巧处，有闪脉而融结者，如蔡西山祖地其格也。

建阳蔡氏九贤祖地：右地在建阳麻沙，土名母鸡岭。过峡，其龙顿跌三十一峰，入首起木星展翅，中出芦鞭正贯。尽处虽有明堂、龙虎、秀峰可观，而真气不到，不结穴。其脉闪过右边，成文星，落平田结穴。右山横一字文星为案，外耸秀峰为应。左山列屏赦文，横截水口。但堂气倾斜，大星奔撺，不入俗眼。其先课云："螺蛳吐肉穴居肉，九世九贤出。"果九代出牧堂先生发、西山文节公元定、九峰先生沈及节斋渊、复齐沉、丞相文肃公杭，与觉轩模、素轩格、静轩权，世称九贤，果应其课云。

祝解元祖地：下地在吾邑，地名暖川香潭岭，去县东南八十里，俗呼群雁度关形。其龙来势甚远，南溪、暖溪两水夹送约百余里。将至入局，翻身大转，逆奔而上，顿起贪狼峰一十余座，凌云高秀，迥然奇异。至将尽未尽之际，闪落一脉结穴，不见大局。左右曜气飞扬。对面观之，俨若龙虎不包。顾及登穴，则拱卫有情。少祖山下，发出一山，拜伏于前，以为近案。内局团聚，外阳暗拱，水绕青龙而缠玄武，门户交固。后乐龙楼宝殿，势贴青霄，真美地也。左臂龙势尽处，后串来龙。前局宽广，秀峰重叠。人皆贪其砂秀、堂宽、龙尽，葬者皆不吉。殊不知真龙多闪抛，而不在于直串之山势；好局多紧夹，而不在于宽大之明堂；好砂只拜伏，而不在于奇峰之重叠。此造化隐妙之秘也。祝氏葬后三纪，南山公眉寿发解嘉靖甲子，彭岛维敬、虚堂世禄诸君，兄弟叔侄联登科第，人才叠出，福祉方隆。

群雁度关形

秀结明堂穴间俱不见

祝解元祖地

南溪

水來

祝氏基

田

水口

近案后亦祝氏吉地

祝仲阳下

大茅山

按：此闪龙入首之说，前辈已尝论之，兹故特收名地三格为式，庶可因类以推，曲尽微妙。但此等之穴，实多隐怪。识者取决于龙穴，昧者徒惑于砂水。故贪大堂局，爱秀峰，为地理之所当顺；而直串来龙取穴，亦或有误，不可执一也。

论龙入穴十二脉

龙之结穴，必于入首之际，过脉结咽，束气入穴。其脉则有十二格，皆于穴后审之。所谓十二格者，曰正、曰偏、曰大、曰小、曰短、曰长、曰高、曰低、曰曲、曰直、曰断、曰续。廖金精云"欲作穴时看出脉，原有十二格。正偏大小与短长，高低要审详。更有曲直并断续，吉凶皆在目"是也。

上脉形十二格，本于廖金精《泄天机》。其正偏二格，实统诸格而皆有之。即前中出、左出、右出三格也。但彼以后龙行度出落而言，此专以受穴一节而言，尤为紧要，故复详之。

人子须知（上）

正脉	偏脉	大脉	小脉
 正中	 偏左右同	 阔大	 微细
正即中也。要星辰端正，脉从中出，而两畔山之形势均匀，故曰正脉。此格极吉，即中出脉。	或从左，或从右，偏于一畔，而山之形势不均，故曰偏。此格力减。	龙大脉宜大。大曰蛮脉，即润脉也。宜有草蛇灰线之脉居其中。	龙大脉小者曰巧脉。此格最贵。

短脉	长脉	高脉	低脉
 短	 宜曲 长	 高	 低
短则气脉易行，要束脉嫩细者，短而大则不吉。	长则气脉难过，必中间有泡引气则吉。又宜活动。若硬直则为死，不吉。大抵长脉易受风吹，且力弱气缓，不能融结。	高脉易成贯顶，且星辰头面浅薄，惟串珠一格有之，亦当于三四节外，看有过峡出气者方可取。	低从脚下过脉，要分水明白，则非断截。如水不分八字，即是断截，不吉。

曲脉	直脉	断脉	续脉
 如之玄字	 忌长		
屈曲活动，最为贵脉。然大而曲者，亦寻常矣。	直脉不吉。若短而直，亦不为害。长者忌直，谓之死脉。	高山跌断谓之断。虽断，不宜如刀斩之齐，恐是凿断则凶。要如偶断丝连，脉自相牵为吉。	续脉者，既断而复续。须要气脉连接，极吉。

论龙结穴五局

龙之结穴成局，有五格，皆以水为准。一曰朝水局，乃水自当面洋朝也；二曰横水局，乃水城横绕，不拘左右来去也。三曰据水局，乃穴前诸水融聚为湖也；四曰去水局，乃水自穴前流去也；五曰无水局亦曰干龙也，乃穴前全不见水也。虽有五局结穴不同，龙真穴的，皆主富贵。惟去水局不利初年也。

朝水局 又名逆水局

朝水之局，多是翻身逆势结穴，以受当面洋朝之水。要穴星高大，有余气，或有低砂横拦，不使水冲割为吉。又须水流之玄屈曲，或平田洋朝为善。若急流冲射，又反为凶。惟天穴及仰高穴，则不怕远水特朝。若穴场卑弱，星辰低小，山不称水则凶，不可一概为逆局而吉也。此穴又多结于水口之间，或下关山短缩，亦不为害。但要穴场藏聚，水来缠绕，穴不受风为真。廖金精云："翻身逆势去当朝，不怕八风摇。"乃言其龙势，非言其穴也。卜氏云"莫把水为定格，但求穴里藏风"则善矣。大抵地理之法，得水为上。翻身逆当朝水之局，阴阳交会而有融结，故为贵也。

横水局

横水局者，龙之结穴，或水自左来流右去，或水自右来流左去。要水势弯环，抱穴如绕带为美。又要下关山逆土拦水有力，及水缠玄武，水口紧密为吉。此局极平稳。

据水局

据水局者，龙之结穴，前临大湖，或深潭，或大池塘。此局极吉。盖地以得水为上，而水以凝静为佳。今穴居深水，则无冲割穿射之患，而有得水之宜也，何吉如之？龙穴真，此局主大贵大富，绵远荣盛。

顺水局 亦名去水局

去水局者，必要来龙长远，力量宏大，四势周密，水口交固。吴景鸾云："水虽去而山交回则善。"杨筠松云："也有干龙来两水，更不回身直为地。只是两护必不同，定有缠关交结秘。"若水去而山不交回，穴场见水荡然而去，此等局势，决无融结，不必着眼矣。大抵顺局地，纵有融结，亦不发财，主初年退败。纵龙穴吉，有贵，亦须卖尽田庐始出官，或离乡始贵。如或龙穴稍有不吉，则立主退败灭绝无救，此局多凶，不可轻取。

无水局 亦名旱龙局

无水局者，穴结干坡，山势盘聚而不见明堂之水也。凡干龙穴，多是左右山横拦，遮却明堂，穴不见水，或穴高在半山，无水可见。俗人不识，必谓有山无水。不知山谷以藏风为贵。只要穴场藏聚，乘得生气，发达极快，何必拘其有水无水？但此等地，多先贵后富，或多清贵不富。若谓有砂无水不登科则非也。然亦有穴不见水而巨富者，要龙神带有仓库耳。董德彰云："有人无财，须寻仓库之龙；有财无人，莫下孤寒之穴。"确论也。

论龙结局分三聚

龙之结局有三聚：曰大聚、中聚、小聚。廖金精云："帝都山水必大聚，中聚为城市。坟宅宜居小聚中，消息夺神功。"诚以百里来龙，则有百里规模；千里来龙，则千里气象。故帝都、省郡，其龙长，其局广，宜矣。坟宅之龙，即长者亦安可比省郡城市？故多是小聚处。山水翕集，四势团近有情。而真穴必居包裹拥从之中，所谓藏风聚气者也。不佞兄弟多见名地，内局聚固，外洋宽畅；或穴中举无所见，远秀罗列，皆外面暗拱。如王者深居九重，而声教施及蛮貊。故曰"不贵其见而贵其不见。"

昧者不知，徒贪广阔堂局，罗列远秀。犹之吾辈论学，眩于纷华外诱，而不知格、致、诚、正之用力于内也。盖紧夹则风藏气聚，宽旷则风荡气微。不察龙力大小、三聚之别，徒欲收数百里山川归诸眼界，必为花假所误矣。其有依近省郡山水大聚处结穴者，谓之借局。如近臣侍从至尊，虽沾荣宠，而九重之森严，千官之拥护，与夫百辟来朝，万邦纳贡，于已何有？

然接天颜之咫尺，依日月之光辉，宗庙之美得而瞻，百官之富得而与，比之三家村中守财主人，迥然不侔矣。此借局之地，虽小亦大，犹有取焉耳。又必结穴处自有门户乃可，不然，亦虚花而已矣。

大聚局

大聚为都会，数千万里山水大会。次者为省城，亦不下二三千里大会。其局以宽广愈大愈美。

中聚局

中聚为大郡，千里山水大会。其次为州邑，五七百里，或二三百里大会。又其次者，或百里，或七八十里大会。其局以宽广适中为美。

小聚局

小聚为乡村阳宅，及富贵阴地。大者百里，或六七十里山水会集。次者三四十里，或一二十里。又次者十数里，或五七里山水团聚。其局以紧固为佳。阴地愈固愈好。

　　上三聚之局，虽各有大小不同，而都会则愈大愈好，省郡须宽广适中，阴阳二宅以固密为上也。其大中二聚，结穴处以收敛为真。或平中有突，或高处开窝，必有小界水、小明堂，或贴近之砂左右交固，或低伏之案以关内气，然后外面却有宽阔之罗城，广大之局势，斯为美矣。

地理人子须知卷十

江右德行山人 徐善继 徐善述 同著

　　此册专论五星。按：五星云者，金曰太白，木曰岁星，水曰辰星，火曰荧惑，土曰镇星。兹五者，即五行也。在天成象，在地成形，精系于天，形着于地。盈天地间万物万事，莫不本此，地理之妙岂外此乎？《经》曰："天分星宿，地列山川。"良有以也。

五星总论

　　夫五星即五行也。按邵子曰："太极分而为阴阳，阴阳播而为五行。五行散殊而万物。"故五行精系于天，为五星；形效于地，为五材；气统于岁，为五辰。在人则为五臟，在物则为五色、五音、五味，施于行则为五常。是以人君乘五运，置五宫，分五礼，设五形，万方以治，民用咸若。

　　然后以五事察其得失，以观雨、旸、燠、寒、风，与动植、灾祸、祥青之变。虽万物纷纭，乾坤广大，各从其类，则莫不由乎五行也。是以五行之变，而吉凶不可胜占；五材之变，而形气不可胜用；五辰之变，而逆顺不可胜计。人受天地之中，得其秀气以生，视听食息，未有离于五行者也。地法因之，而以山形分别五星，以验吉凶，最为攸当。故《贯珠图》有"五星为阴阳骨髓"之说，卜氏有"详审五星变化"之言，皆确论也。鄱阳余氏佑注《发征论》，乃谓五星似是而非，彼盖未之审矣。

论五星之形

夫五星形体，古人以木之条达而取象于直，火之炎焰而取象于锐，土之厚重而取象于方，金之周坚而取象于圆，水之流动而取象于曲。故凡山形之曲动者为水星，光圆者为金星，方正者为

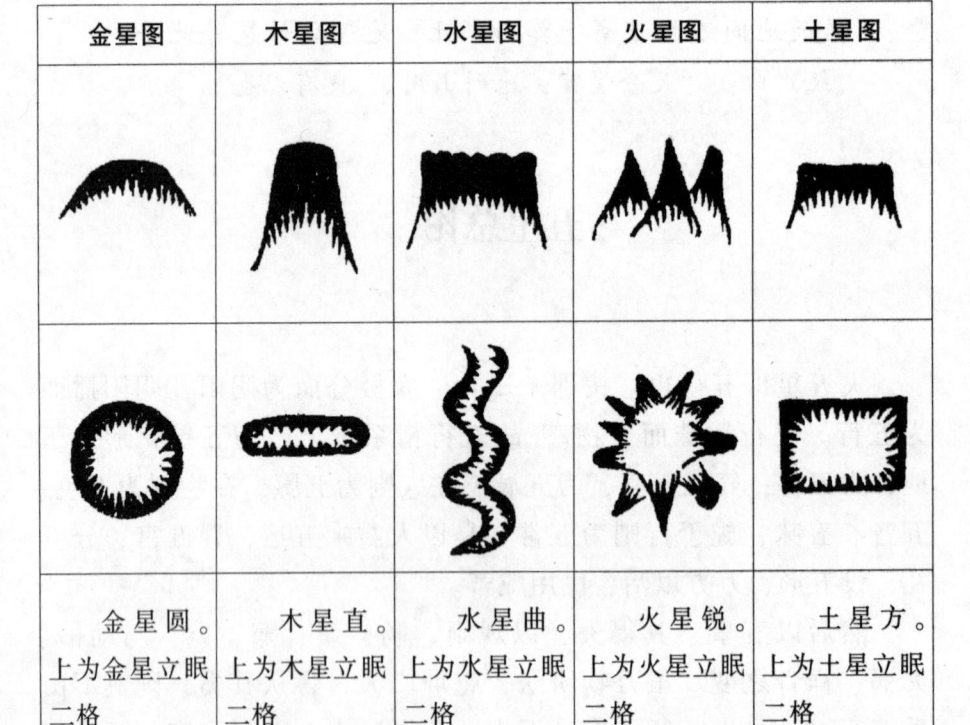

金星图	木星图	水星图	火星图	土星图
金星圆。上为金星立眠二格	木星直。上为木星立眠二格	水星曲。上为水星立眠二格	火星锐。上为火星立眠二格	土星方。上为土星立眠二格

土星，尖锐者为火星，直耸者为木星。此亦自然之理，而非牵强也。但五星形又有不纯者，谓之变格。故后人又立九星之名焉。其实九星不能外是五星耳。或曰：五星为正，九星为变，今只取五星，不取九星，是用其正不用其变。曰：非也。五星之变，不可胜形，九星乌足以尽其变？惟守约该博，则五星实有以统之矣，奚取夫九星之异名哉！

上五星之形，姑图立眠二格正体为式。其各星又有兼形未纯者，皆为变体，不悉图。

论五星之名

金曰太白，木曰岁星，水曰辰星，火曰荧惑，土曰镇星，此固五星之名也。而地理家以山形论星名，必寓以吉凶之辨，前辈于此颇相抵捂。如廖金精以金星为文星、木为将星，张子微以金为武星、木为文星，杨筠松以土为尊星，而张子微、金精又以土为财星，若此之类，是皆以一星而拘之矣。愚窃谓五星之变化无穷，即一星之用亦可为武、为文、为富、为贵、为吉凶，第观其发现何如耳。苟以一星拘之，理难包括，莫尽其蕴。今以清、浊、凶分为三格以例其名，庶几各极其妙，而诸家之说相为贯通，不致矛盾云。

五星分清、浊、凶三格：凡星辰秀丽光彩者为清，凡星辰肥厚端重者为浊，凡星辰丑恶带杀者为凶。

释义 或问：卜氏有金清土浊火燥水柔之说。今谓五星各有清、浊、凶三格，而又不详燥柔之论，何也？答曰：彼以情性论，而不及夫形象；此以形象论，而兼推其情性。若专论情性，则其说固当。然必使形象而察其情性，则其言未为尽善。盖地理家因形察气，不可舍形象而专情性。若以形言，则金之肥大粗饱者不可谓清，土之骨立方正者不可谓浊，火之秀丽者不可纯谓之燥，水之特达者不可纯谓之柔，故必兼形象情性而始尽其妙，此五星所以必各分清、浊、凶三格也。

金星

清者曰官星，主文章显达，忠正贞烈。

浊者曰武星，主威名烜赫，秉杀气之权。

凶者属厉星，主杀戮、军贼、残伤、夭札、绝灭。

释义 金，西方之星也，于时为秋。然金明而贵，铿钧有声，且为世珍重，百炼不变，辉煌贯日，锋利坚刚。犹世之贵人，刚直忠正，不屈不挠。故其星之清者为官星，官贵之象也。其主为文章清秀，功名显达，刚正忠贞节烈之应。若其浊而不秀，如天文金星有变异，则主兵革。金倍明，芒角赤，主用兵。故其星之浊者为武星，威武之象也。其所主为元戎杀伐，威名烜赫之应。然金气肃而凋万类，故秋杀敛藏。如古者，兵刑之用必以秋，以金主杀伐。故其星之凶者为厉星，惨暴之象也。其所主为军贼、大盗、诛夷、惨酷、绝灭之应。

木星

清者曰文星，主文章科名，声誉贵显。

浊者曰才星，主勋业、才能、技艺。

凶者曰刑星，主刑伤克害，及遭刑犯法，夭札残病。

释义 木，东方之星也，于时为春。春主发生。方春之时，万卉秀发，奇葩艳萼，献异争奇，此木之文也。故其星之清者为文星，文华之象也。其主为文章清秀，科名显达之应。然木之体，长茂条畅，鸣凤撼雨，浙沥有声，伐之则丁丁，仆之轰轰，故又主声誉远着，名姓播扬。至于为器用车座，文理可观，凭借适意。

以为大厦，则栋梁椽角，莫不具备，故其星之浊者为才星，才用之象也。其主为荣贵勋业，多才多艺之应。然其凶者，或为枯槁摧折，或秀而不实，朽坏倒扑，又能坏物。以为枷纽桎梏之属，乃为刑具。故其星之凶者为刑星，刑伤之象也。其所主为刑伤克害、夭折残疾、官讼牢狱、孤寡困顿之应。

水星

清者曰秀星，主聪明、文章、智巧、明洁、度量及女贵。

浊者曰柔星，主昏顽、委靡、懦弱不振、疾苦不寿及谄谀阿邪。

凶者曰荡星，主淫欲、邪荡、奸诈、贫穷、长病、夭折、客亡、流移、水溺。

释义 水乃北方之星也，于时为冬。其精光之悬象于天者，常随乎太阳而行。故其应于人事之吉，亦为近帝之贵。以其行于地者言之，则风行而纹生，且清澈可鉴，变动不拘，可方可圆。推而行之，可以运舟，可以灌溉，光莹照耀，精粗不遗。故其星之清者为秀星，性行明洁，度量汪洋之应。然水本内明而外暗，体柔性顺，故其星之浊者为柔星，卑弱之象也。其所主为昏愚、卑陋、柔弱、委靡、谄谀、阿邪之应。然水暴涨而滔天漫野，荡析民居，无有救遏。而沟渠之间，秽污混浊，此皆不美。故其星之凶者曰荡星，流荡之象也。其所主为凶狠残暴、流荡忘返、酒色倾家、淫滥不洁、离乡客死之应。

火星

清者为显星，主文章发达、大贵、烜赫、势熖。

浊者曰燥星，主刚烈燥暴、作威福、奸险、夭折、祸福相半，有吉有凶，易兴易败之应。然火之为物，其起甚微，其发甚盛，其灭甚速。与物无情，金入则熔，木入则焚，土入则焦，水入则涸。故其星之凶者为杀星，绝物之象也。其所主为杀伐、惨酷、大盗、诛夷绝灭之应。大抵火星欲其脱卸多，或撒落平洋，或穿田渡水，重叠过峡，然后结穴则吉。吴景鸾云："若见火星焰动时，到处须寻一百里。"言其远则脱卸净耳。

《断法》云："五七火星连节起，列土王侯地。脱落平洋近大江，结穴始相当。"亦此意也。若火星未经脱卸，纵龙穴入格，必主大福大祸，未有尽善。如袁州严阁老祖地，在洪山，五七火星连节而起，尖炎焰动。其阳基乃穿水而起，脱卸后结。其阴地则未经穿水而结穴，虽龙格甚秀，结作极美，只是火性易发易散，故介溪公连登科第，位极人臣，富甲天下，而一败涂地。亦如火之烬则灰飞烟灭耳。洪山之下有空洞，按《袁州郡志》，为葛洪炼丹之所，旧有记云："洪山肚里空，五世出三公。虽然居一品，家业尽成空。"亦奇矣哉！

释义 杨筠松云："大地若非廉作祖，为官终不至三公。"乃以廉贞属火，而火星宜作祖龙矣。盖五行之中，金分则轻，木分则小，水分则浅，土分则微，惟火星愈分越盛，如一星之火，分而为万里之炎，此所以宜作祖龙耳。大抵天下名山大岳，未有不是火星者，此亦可见造化之妙也。

土星

清者曰尊星，主极品王侯，分茅胙土，勋业崇高，庆泽绵衍，五福全运祚永。

浊者曰富星，主多财产丰富，寿算绵延，人丁蕃衍。

凶者曰滞星，主昏愚懦弱，疾病缠绵，黄肿牢狱不振。

释义 土为镇星，含弘镇静，德居中央，功为地载，位为帝星。故其星之清者为尊星，其所主为王侯极品之贵，镇静以安社稷，普惠以泽民生之应。然五星之中，土为重浊，故镇星之行度最迟，大率二十年一周天。而土之性情最缓，发达钝慢，最能耐久。其生物甚繁，故其星之浊者为富星，其所主为多赀财，田产丰饶之应。然土无处无之，虽凶亦不为大祸，故重浊之土为滞星，壅塞之象也。其所主为滞钝、顽昏、疾病缠绵之应。

补义 木有华丽，万紫千红，香气袭人。金有光彩，有声音。水有波纹，荡漾飞泻。火有光明焰动。故木为文星，金为官星，而火之显为文明之象，水之秀有智巧之能，而土不与焉。然不知土于五行为至尊，于五方居中，为万物之母，有配天之德，天下之贵孰加焉？惟其浑厚质朴，不露圭角，不逞华丽，故凡文章科第、威武昂轩、烜赫华耀、聪明才辨，则少让于水火金木。若夫爵禄之厚，品位之高，王侯公辅之尊，及延长之庆，嗣续之衍，万全之福，非土星不能也。是土星力量岂不冠绝于四星乎！卜氏谓"土旺牛田"，廖金精谓"土主家多豪富"，非知土星之大者也。

论五星分高山平岗平地三格

金星

高山之金，如钟如釜，头圆不欹，光彩肥润，金之吉者也。平冈之金，如笠如马，倒木圆拷，如珠走盘，金之吉者也。平地之金，圆如糖饼，肥满光洁，有弦有棱，金之吉者也。

木星

高山之木，高耸卓笔，挺然峙立，不欹不侧，木之吉者也。平冈之木，枝柯宛转，回抱袤延，势若之玄，木之吉者也。平地之木，软圆平直，枝柯曲延，苞节牵连，木之吉者也。

水星

高山之水，山泡曲滟，势如展帐，横阔摆列，水之吉者也。平冈之水，平脚平铺，势如行云，逶迤曲折，水之吉者也。平地之水，展席铺毯，波浪晕界，有低有昂，水之吉者也。

火星

高山之火，秀丽尖耸，焰焰烧空，为祖为宗，火之吉者也。平冈之火，手足袤延，纵横生焰，得水相连，火之吉者也。平地之火，斜飞闪闪，田中生曜，水里石梁，火之吉者也。

土星

高山之土，如仓如屏，重厚雄伟，端正方平，土之吉者也。平岗之土，如几如圭，重厚浊肥，不倾不欹，土之吉者也。平地之土，堑傍如削，方厚平齐，有高有低，土之吉者也。

论五星体性

金之体圆而不尖，金之性静而不动。

山势定静光圆则吉，流动不正则凶。山面圆肥平正则吉，欹斜壅肿则凶。山顶平圆肥满则吉，破碎巉岩则凶。山脚圆齐肥润则吉，尖斜走窜则凶。

木之体直而不方，木之性顺而条畅。

山势直硬清秀则吉，欹斜散漫则凶。山面光润清劲则吉，崩石破碎则凶。山顶直削圆静则吉，臃肿欹斜则凶。

水之体动而不静，水之性沈泥就下。

山势横波层叠则吉，牵拽荡散则凶。山面水泡磊磊则吉，嫩坦散漫则凶。山顶圆曲欲动则吉，欹斜崚嶒则凶。山脚平铺流泻则吉，荡然不收则凶。

火之体锐焰动而不圆，火之性炎焰缥缈而不静。

山势峭峻焰动则吉，不经脱卸则凶。山面平静下阔则吉，亢头破顶则凶。山脚飞斜带曜则吉，返逆丑恶则凶。

土之体方凝而正，土之性镇静而迟。

山势浑厚高雄则吉，欹斜倾陷则凶。山面平正耸立则吉，臃肿破陷则凶。山顶方平阔厚则吉，圆角软怯则凶。山脚齐平端敛则吉，牵拖破浪则凶。

论五星所忌

五星不宜太肥太瘦。

金太肥则饱，饱则凶。金太瘦则缺，缺则凶。木太肥则肿，肿则凶。木太瘦则枯，枯则凶。水太肥则荡，荡则凶。水太瘦则涸，涸则凶。火太肥则灭，灭则凶。火太瘦则燥，燥则凶。土太肥则壅，壅则凶。土太瘦则陷，陷则凶。

论五星所喜

金喜圆静，正而不偏，偏则缺损，缺损非所喜矣。木喜耸秀，直而不欹，欹则枯槁，枯槁所非喜矣。水喜活泼，动而不倾，倾则漂荡，漂荡非所喜矣。火喜雄健，明而不燥，燥则燎烁，燎烁非所喜矣。土喜方正，厚而不薄，薄则怯弱，怯弱非所喜矣。

论五星聚讲

夫五星聚讲者，金木水火土之五星，团聚而起，森森罗立，如孔门诸贤相聚而讲谈道德也。其山皆须秀丽尊严，方合此格。多作龙祖，主至贵。

右五星聚讲，或在太祖山，或在少祖山。在少祖福力尤紧，此格至贵。五星相聚，不论生克。如汉受命，则五星聚于东井，秦之分野也，灭秦受命之应。宋朝受命，五星聚奎，文明盛治之应。故宋朝真儒辈出，先圣大统，始有所属。国朝嘉靖甲申正月，五星聚室，为宗室蕃昌之应。故世庙以宗室入继大统，治教休明，为本朝中兴之盛。凡五星之聚，

五星聚讲图

此五星相聚，不论生尅，至贵格。

为世大详。地理家五星聚讲之理，亦与天文五星相聚一同。故龙有此格者，前去多结大贵之地，及圣贤墓宅，位极人臣，王侯将相妃后之贵。

论五星连珠

夫五星连珠者，金木水火土之五星串连而不相间也。盖五星

聚讲，不论在前后左右，四畔之山生来团聚，皆为聚讲。且欲其相聚而不拘其相间也。连珠则牵连而去，不必相聚，惟欲其相联属，相聚为连珠，聚讲尤贵，故与聚讲为异耳。是以聚讲不论生克，而连珠则论生克以定吉凶。

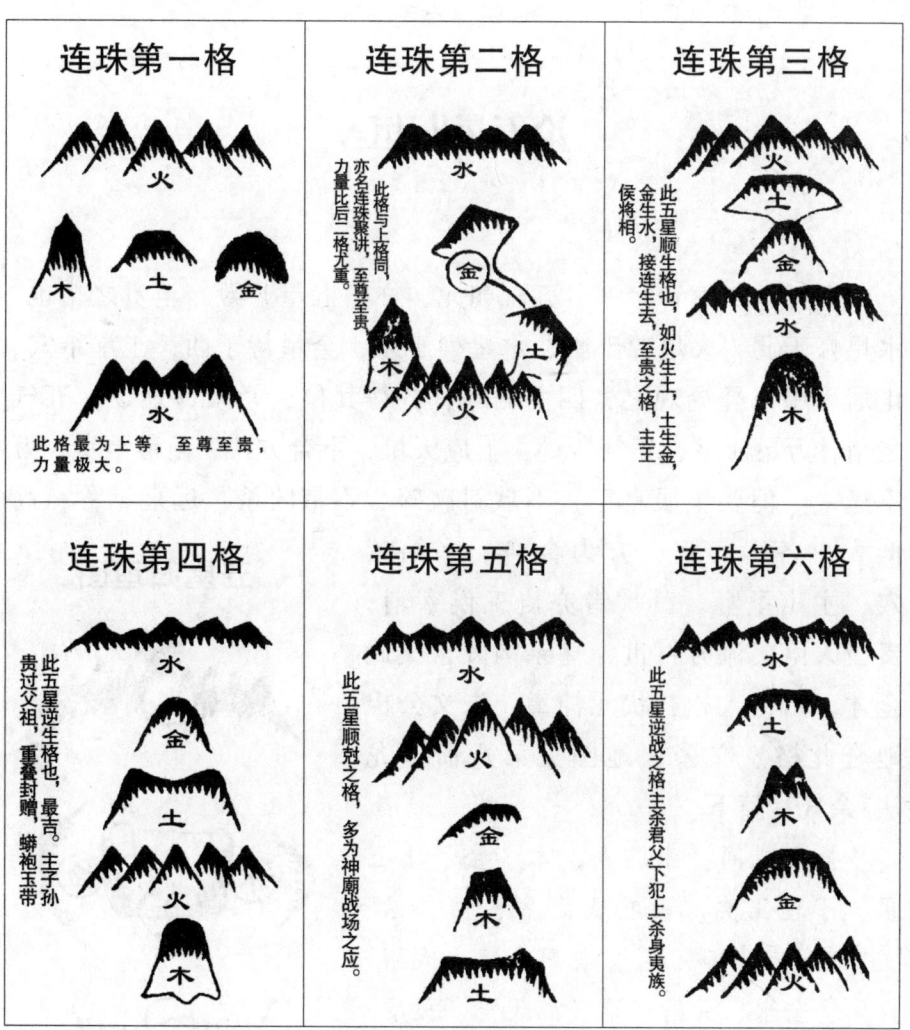

连珠第一格	连珠第二格	连珠第三格
此格最为上等，至尊至贵，力量极大。	此格与上格同，亦名连珠聚讲，至尊至贵，力量比后二格尤重。	此五星顺生格也，如火生土，土生金，金生水，接连生去，至贵之格，侯将相。

连珠第四格	连珠第五格	连珠第六格
此五星逆生格也，贵过父祖，重叠封赠，最吉。主子孙蟒袍玉带。	此五星顺克之格，多为神庙战场之应。	此五星逆战之格，主杀君父，下犯上杀身夷族。

补义 五星聚讲及连珠格，皆极贵。聚讲有大小不同，连珠则无分大小，惟论生克。盖大聚讲星辰阔大，如水星，或平阔至二

三十里，火星延袤至五七十里、十数里。金、木、土亦如之。五星共广不下一二百里，此大聚讲也。此等龙多为京几及大藩镇，或帝王陵寝、圣贤墓宅。小聚讲则只五星各起数座，或各只一座而已。然数座不若各止一座，尤清。力量之轻重，虽不能如大聚，却亦非中下地所能有也。

论五星归垣

夫五星归垣者，一名五气朝元，亦曰五星升殿，至贵之格也。水星帐于北，火星耸于南，木星列于东，金星侍于西，土星结穴，正居平中。登局观之，四面相等，各得其位，乃天造地设，五气之精，万灵所萃，正气所钟，上应天星，下合方位，至尊至贵，万不逢一。但要星辰真正，不欹斜破碎，不带凶杀，远近相称，高低大小各得其宜，方为合格。多结禁穴，主出圣贤。其次者亦出王侯宰辅，贵极人臣，流芳百世，皇亲国戚，文武全才，出将入相，状元神童。朱文公祖地合此格。文公祖地图见第八册《龙法·余气》篇下。

五星归垣图

水星帐北，火星帐南
木星居东，金星居西
土星居中

补义 或问：水、火、木、金、土五星，于理正矣。而杨氏之贪、巨、禄、文、廉、武、破、辅，与廖金精之太阳、太阴、金水、天财、紫气、天罡、孤曜、燥火、扫荡，二家九星，皆可尽弃矣。何是编中不尽削其名，而往往亦称之，岂非自相矛盾乎？答曰：二家九星，亦自五星中来，未可全谓无理，特不醇正耳。然亦各有所用。如观干龙及龙祖星辰，当用杨氏九星为善。盖干龙禀气厚，不可以一星拘之，故贞廉、贪狼等星辰形象，只取其山顶而已。乃其山之气有浑厚，不纯属火，不纯属木者。特起为头顶山峦，是真气发现，为木为火。

术家因其发现之形，而别以九星，曰贪狼、廉贞云耳。此处若直以木星、火星名之，非为不类其形，亦且不尽山之禀赋矣。此杨氏九星用之干龙可也。廖金精九星，亦以五星不纯合夫圆、直、曲、尖、方之五体。故其金不纯金，而带土者为太阴，带火者为天罡。土不纯土，而带金者为孤曜。水不纯水，而带金者为金水之类。

《入式歌》云"圆直曲尖方五体，本是五行气。直曲方尖各带圆，凑作九星全"是也。此廖金精九星，用之以察枝龙及穴法亦可也。或又问曰：既二家九星，一可以观干龙之用，一可以观枝龙及穴星之用，则不必议其非而从之可也。何又立五星之名耶？答曰：杨氏九星，恶其名义欠当。如贪且狼而为吉，廉且贞而为凶，及历代《天文志》中无此名目。廖金精九星，恶其拘于九变，多牵强，天文亦无此星。大抵二氏九星，皆无所根据，术家多迁就，凶吉不明，人子未必通晓，故直取五星定名，以清浊凶三格别之，欲人因名知义，乃为切实，凶吉不淆云耳。予岂敢立异哉！

故集中多称二氏九星之名者，亦以其可取处而取之。倘不疑义理，吾何为尽削之？可取而不取，则是术家各立门户之私意，而非公心也。矧星辰亦轻可事，予兄弟所见，往往怪穴大地，都是不合星辰。常人见不合星辰，遂不敢下手。哲师有真见，不拘星辰，故能下之。人见其不拘星辰，遂以为怪，而有怪穴之称耳。观吴仲祥、董德彰，皆能随山点穴，又何尝拘于星辰？但彼皆已到地理化处，能如是耳。在他人，欲不论星辰，是不知有下学工夫，而遂欲躐等上达，正所谓欲以效颦，适增其丑。曰：到化处，如何便不拘星辰？曰："葬者乘生气也"，识得"乘生气"三字，则地理之能事毕矣，又何用五星九星之拘哉。

地理人子须知卷十一

江右德行山人 徐善继 徐善述 同著

穴法总论

夫地理龙穴之说，乃天造地设，生成自然之妙，初无一毫勉强。纔有勉强，便非真造化。卜氏云："既有生成之龙，必有生成之穴。"故凡龙穴既皆生成，则砂水莫不应副，而龙虎、明堂、水城、对案、罗城、水口，自然件件合法。何则？盖龙譬之君也，穴譬之臣也，砂水譬之天下民庶也。君明臣良，则万邦莫不向化，四夷莫不宾服，如云之从龙，风之从虎，各以其类应耳。苟龙不真，则穴与砂水亦皆背戾。纵有假情，终是勉强，有真见者不为其所惑。是故相地之法，先须察龙。

《经》曰："恐君疑穴难取裁，好向后龙身上别。龙上生峰是根核，前头形穴是花开。根核若真穴不假，盖从种类生出来。"又云："龙若真兮穴便真，龙不真兮少真穴。"皆谓有真龙方有真穴。若龙不真，纵有天然可爱之穴，亦为花假虚伪，而生气不钟矣。然辨穴固在审龙，而有龙无穴，法亦不葬。故杨筠松三不葬，首言有龙无穴不葬。厉伯韶四不下，亦首言无穴不下。蔡牧堂先生亦谓一不可下者天也，有龙而无穴者也。

夫所谓有龙无穴者，乃假伪之龙，非真龙也。龙不真固无融结造化，不能作穴，而无穴可下。蔡西山云："假龙误人甚多，其摆布精神，起人眼目，与真龙无异。只是到头结果无取，世俗之人止谓其气秀特，而时师又以真龙丑穴之说文之，鲜有不为所惑者。

张子微云"假龙亦有穿心开帐，有星辰秀丽，有桡棹手脚，亦有摆布，但无迎送。或蜿蜒四五里，或萦纡数十里，到大尽处，乃无穴可下"是也。故龙之与穴，不可缺一。或有龙无穴，或有穴无龙，皆非真地。今之言地理者，往往以有龙无穴指作龙真穴怪，勉强安扦，掘窝凿顶，自谓功力之巧。不知龙真穴怪，乃是有穴而特丑拙奇怪，非若假龙之无收拾结果，而为粗恶、臃肿、急峻、顽硬、散漫、懒坦、荡阔、软皮、巉岩、瘦削、突露、孤寒、陡泻、崩陷、饱肚、绷面、坠足、贯顶诸般凶恶之形，无穴可下也。世之侥富贵，图大地者，多被术家所误，以龙真穴怪为借口，乱下无穴之地，求福得祸，诚为可悯。彼盖不知地理之法，虽重于寻龙，犹切于扦穴。

杨筠松云："寻龙容易点穴难。"古歌云："望势寻龙易，须知点穴虽。若还差一指，如隔万重山。"诚以千里来龙，入首惟融八尺之穴。乘生气，注死骨，造化全在于此。苟穴无定准，可以从人作为，可以上下左右，则察识地中生气之法，皆渺茫无据，岂不大谬矣乎！故不识穴法之妙者，皆是不得传授，自作聪明，偏执臆见，其误可胜言哉！地理家穴法，自有一定不易绳墨，纔失毫厘，便有乖戾，变吉为凶。子朱子《山陵义状》所谓："定穴之法，譬如针灸，自有一定之穴，而不可有毫厘之差。"诚确论也。予尝历览富贵祖坟，有前人已下数穴，而差失尺寸，皆不发福，后遇明师扦点真穴，而遂获富贵者。亦有先辈已下真穴，发越既过，后人妄觊其福，侵椁附葬，而福竟蔑闻者。何也？良由一穴之间，数尺之内，真气融聚，不可过高，不可过低，不可偏左，不可偏右，不可太深，不可太浅。如方诸取水，阳燧取火，不爽毫发，始得无中生有之妙。杨筠松云："裁穴要知聚水火，远近高低皆不可。聚光若能得中正，火却炎炎水倾坠。鉴取于水月中精，鉴必凹深取月明。其光圆聚方诸上，一点精光似水晶。太近光时水不滴，太远光时亦不湿。只要当中取正光，顷刻之间水盈溢。阳燧取火亦复然，日光聚正却生烟。莫令太近莫太远，只要当中火即然。若曾亲自取水火，便识高低皆不可。日月在天几万里，阳燧方诸毫发细。聚光回射当凹中，水火即从生聚起。要识裁穴亦如斯，穴聚前朝由水气。来山既聚众气来，下了须臾百祥至。取水取火须自为，方识阴阳论气聚。"故点穴不可有差尺寸，高低、左右、深浅、向首俱要合法，一或少差，遂失生气，纵是真龙，亦为毋益。

《地理指南》云："立穴高低裁不正，纵饶吉地也徒然。"《经》云："穴若在低高下了，穴在承浆却下脑。穴若居高裁处低，当针百会却针脐。高低若是差裁却，恰是盲髡针腿脚。穴隔分寸尚无功，况是高低针不着？"是言不可有高低之失也。董德彰云："下穴不容少偏颇，左右如差福成祸。"吴景鸾云："龙从左来，气从右注；龙从右来，气从左注。就生弃死，葬乘生处。左右如差，福应难许。"是言不可有左右之失也。

《宝鉴》云："天然正穴不须移，案正山齐乃合宜。午向忽然差作丙，即伤龙脉损根基。"又云："就中安向如差悮，变福为灾起祸愆。"是言立向不可有失也。《葬经》云："浅深得乘，风水自成。"蔡牧堂云："下地必以深浅为准的。当浅而深，则气从上过；当深而浅，则气从下过。虽得其地而效不应。"是言浅深不可有失也。盖穴乃放棺的切处，是地理紧关玄窍，毫厘有差，祸福千里。高一尺则犯罡斗杀，伤龙；低一尺则犯荡脱脉，伤穴。偏左一尺，水蚁侵左；偏右一尺，水蚁侵右。深一尺则气从上过，水自底生；浅一尺则气从下过，蚁自盖入。直来直下，气从脑散。饶减太过，接气不着。谚云"阴地一线"是也。苟有少差，纵见真龙、奇砂、秀水、百般美处，种种成空。是故必有天然之穴，依绳墨以定高低、左右、向首、浅深，则自无数者之失。苟无天然之穴，而妄以臆见察地中之生气，必渺茫毋据。生气既无可据，定为蚁穴，为泉窟。以亲体置之蚁穴泉窟之中，其祸必不旋踵而至矣。噫！穴之所系如此，其可忽乎？

术家虽各有穴法，诸说略无统纪。论百物形象者失之诞，论九星变态者失之支，论天星方位者失之凿，论精神动静者失之异。而相山骨髓，及四十字铜人、空山、赤图、寸金诸家之说，又皆失之漶漫隐僻，殊非至当归一之论，讹谬相传，人心愈惑，窃尝病之。今以诸家之法，参之吴、董心机，定为穴法标准。

一曰穴形，非百物形象之形，而取夫杨筠松四象，窝、钳、乳、突之形；二曰穴星，非九星之星，而取夫张张子微五星，金、木、水、火、土之星；三曰穴证，则兼取夫前后左右、龙虎明堂之诸应；四曰穴忌，则致辨夫粗恶、急峻、臃肿、虚耗之诸凶，列为四卷，曰形、星、证、忌。俾观其星，究其形，审其证，察其忌，则出龙之性情，融结真伪，自不能遁。而仁人孝子之欲卜宅兆以宁其亲者，不致眩惑讹谬云。应沙道人徐善述识。

此一册专论穴形

夫穴之形体，变态万状，不一而足。实则不过阴阳两字，曰阴来阳受，阳来阴受而已。其为形则凹凸是也。阴中有阳，阳中有阴，故有太阳、少阳，有太阴、少阴。其为形则窝、钳、乳、突是也。各得生气，其形始真。故一言以蔽之，曰"葬乘生气"。

盖生气者，太极也。凹凸者，两仪也。窝、钳、乳、突者，四象也。太极两仪，两仪四象，实古今之正传，穴法之定论也。夫何各立机轴，支离其说，而有三十六形、八十一变、三百六十五体、三百八十九像？种种多门，不胜蕃衍，使易简之理，反为分析隐晦。是皆欲以形尽山势，而不知山势变态不常，咫尺转移顿异，只可以理会，不可以形拘。

《玄机论》云："论星则胸中有主，喝像使众人皆知。"是形像不过为众人设耳。若曰山必合某形，穴当安某处，以某物为应案，乃刻舟求剑，胶柱鼓瑟，非达理之论也。余氏云："寻龙点穴，不过阴阳动静，足以尽其微妙。间有龙穴融结，偶合物形，因以名之可也。若野俗之书，专以人物取像地形而较美恶，则失之远矣。"诚为确论。且物类有古方今圆，古长今短，古贵今贱，古有今无之不同，岂可以拟一定之山形哉！范越凤及刘公谦皆尝鄙诮之，谓如虎形，既虎能伤人，又安可葬？肉堆案亦尝食之否乎？其论不为无理。况物类形像相似者，尤难辨别，又乌得无指鹿为马、认乌为鸾者乎？愚故曰：山川只可以理会，不可以形拘。

《葬书》谓"在天成象，在地成形"，亦只指五星之形言之，非言山形与百物类也。今故屏去百物形象之说，不使眩惑心目。惟以杨筠松穴形四格，窝、钳、乳、突以论形，则庶几守约尽博，而易简之理得矣。"葬乘生气"之真机，又岂有余蕴哉！

论窝形之穴

窝穴，即廖金精开口穴也，亦曰窟穴。《葬书》云"形如燕窠，法葬其窝，胙土分茅"是也。凡曰鸡窝、锅底、掌心、旋螺、金盆、铜锣等形，皆窝穴之异名耳。乃穴星开口生两掬者也。平地高山皆有之，而高山为多。除星体另论外，而窝之为形，凡四格：曰深窝，曰浅窝，曰狭窝，曰阔窝。皆以左右两掬均匀为正格，左右不同为变格。而各有二体：一是左右交会，名曰藏口窝；一是左右不交会，名曰张口窝。四格之形，又各有俯仰不同。身俯则须窝中微有乳，穴就乳脉安扦；面仰则须窝中微有突，穴就窝心突顶安扦，此为最吉。廖金精云"凡开口之穴，灵光合聚于中，余气分行于外，雌雄相顾，血脉交通，所以谓之吉穴"是也。惟要弦棱伶俐，两掬弯环，口中圆净，窝内冲融；切忌落槽，最嫌偏陷。《经》曰"窠形须是曲如窝，左右不容少偏颇。偏颇不可名窝穴，倒侧倾摧祸奈何"是也。又有懒坦、空亡、崩洪、破陷，谓之假窝、虚窝，务须详辨。如误下之，主淫乱少亡、贫穷绝嗣，不可不慎。若后龙真的，入首明白，星辰合格，证佐分晓，此穴至贵。

窝穴图氏

藏口窝穴 **张口窝穴**

凡左右两掬交会者名曰藏口窝穴下做此　　凡左右两掬不交会者名曰长口窝穴下做此

窝形四格：深窝、浅窝、阔窝、狭窝

深窝图

浅窝图

阔窝图

狭窝图

左为深窝图。此深窝者,开口中深藏也。然窝既深藏,不宜太深坑陷,须是深得其宜。惟窝中有微乳、微突者,谓之阳中有阴,虽深不忌。若无乳突,切忌深陷。又须窝中圆净,弦棱明白,两掬弓抱,方为合格。若窝太深陷,又无乳突,弦棱不圆,左右偏颇,即是虚窝,不可下也。

左为浅窝图。此浅窝者,开口中平浅也。不宜太浅,太浅则不明。须是浅得其宜,如金盘,如荷叶之类,而又窝中弦棱明白,两掬弓抱,方为合格。若窝中太浅,弦棱不明,懒坦无情,则非真窝,不可下也。

左为阔窝图。此窝形之阔者,开口中宽阔也。窝既宽阔,不宜太深,须左右交会。要窝中有微乳、微突,就乳头突顶安扦,方为合格。不然,多是空亡虚冷之窝,气不凝聚。又须窝中圆净,弦棱明白,两掬弯抱,乃为合法。若窝形太阔,又无乳突,弦棱不明,左右偏颇,或两掬不交,则不可下也。

左为狭窝图。此窝形之狭者,开口中狭小也。窝虽狭小,亦要相停,不可太狭。太狭则恐开口不真。须是狭小得中,如燕窝,如鸡窝之类,而又窝中圆净,弦棱明白,两掬弯抱,方为合格。若窝中太狭小,口内不圆,弦棱不明,左右不抱,则非真窝,不可下也。

以上窝形四格之图。其左右两掬均匀者,乃为正格,有五体。左右两掬不均匀者,为变格,有二十体。图具下:

正格 凡五格

| 转金 | 转火 | 转水 | 转木 | 转土 |

上图为正格，凡五体，乃左右两掬均匀者也，下仿此。

变格 凡二十

金木	金水	金火	金土	木金
水木	木火	木土	水金	水木
水火	水土	火金	火木	火水
火土	土金	土木	土水	土火

以上变格，乃左右两掬所转不同，凡二十体，穴星仿此。

带曜 凡八格

摆燥　　　　　　　　　拖荡

左右摆燥　左摆燥　右摆燥　　双拖荡　左拖荡　右拖荡

边摆燥边拖荡

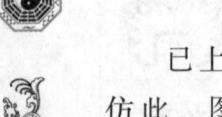

左燥右荡　左荡右燥

已上带曜诸格，后皆仿此，图繁，亦不重载。窝穴名地诸图附后。

银邑余氏祖地：右地在吾邑南门外，与县龙分脉后，起五星聚讲，开帐入局，又大断过脉，列芙蓉大帐。帐中穿心出脉，垂落清秀。入首结开口仰天窝穴。窝中圆净，两掬均匀，口中平坦，左右重重包裹，前朝秀丽，明堂融聚，水城绕抱，水口关锁，系艮龙，扞丙向，俗传仰天湖，赖布衣下。后

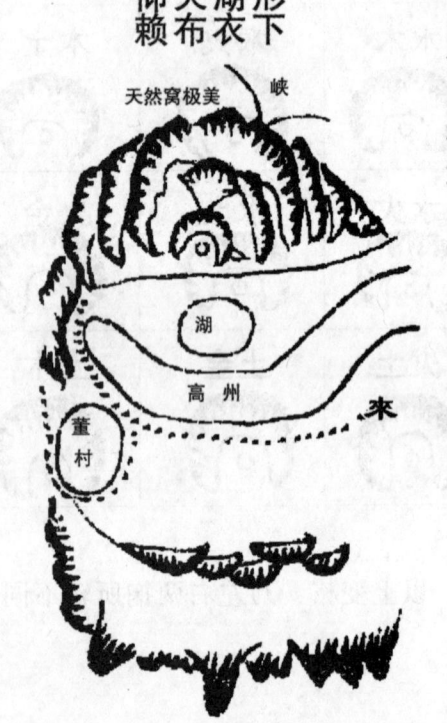

仰天湖形
赖布衣下

天然窝极美　峡
湖
高州
董村
来

银邑余氏祖地

余低出朝议大夫,数代清贵,至今福祉未艾。

朱国本问曰:余氏此地,分干大龙开帐,穿心中落结美穴,明堂、龙虎、朝对、水城、水口,无一不贵。艮龙丙向,又合天星。赖公所下,葬法又善,宜其贵列三公。乃仅止此,何也?僮仙曰:善哉!问此地龙穴、砂水俱上格,葬又合法,而贵不穷显者,有二缺焉:少余气,无曜星矣。吴景鸾云:"余气不去数十里,决然不是王侯地。"杨筠松云:"龙真穴真只无曜,空有星峰重叠照。"故大贵须有余气、曜星。此地缺此,《葬书》谓"十一不具,是为其次。"此地是也。

杨婆墓:右地在泰宁,土名洪港口。其龙乃南干正条,穿草坪峡后,少华大旺处,分正脉一派,巍峨广袤,绵亘纡盘数百里,皆极其高大,非足力所能及。一枝一叶,亦甚长远。入局起涨天水星,横列十数里。帐之中垂落一脉,欲断不断,复顿高金,贴在帐下,圆满光肥。两畔帐带,如垂丝串珠者数十条,护从繁华。于高金星面,微开小窝,于上聚处结穴,弦棱伶俐,两掬弯环,窝间平坦圆整,不深不阔,宛然如燕窠,仅可藏车隐马。龙势雄大,穴情巧小,真贵格也。

杨婆墓

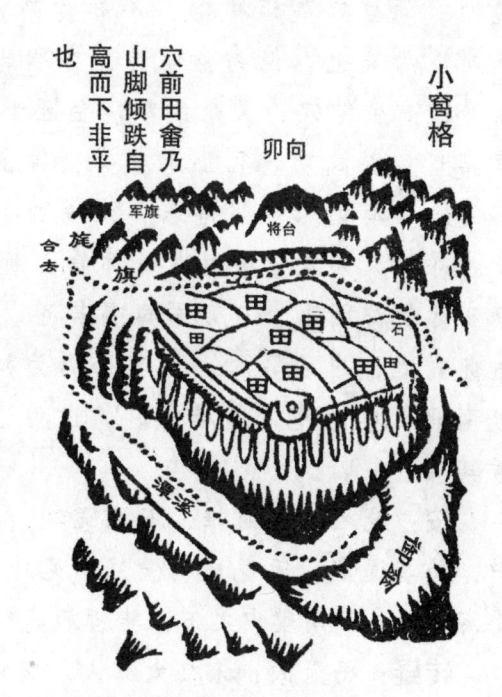

庚龙,酉山卯向。珍珠凉伞盖交椅形,幞头案。

不假外山包裹，穴自周密藏聚，天然可爱。穴前又平坦数尺，下注嘉泉，广不盈亩，四时不涸不溢。此池即内堂也。堂之前一山，近可攀摘，秀媚方平，不迫不欹，整然端拱。穴间惟见此山，其外洋及左右一切山水，俱所不见，恬然安静，如坐密室。而后坐大帐，高贴有力，不啻端居帏幄之中。俗传"珍珠凉伞盖交椅"形，幞头案，诚切当矣。从而检点，外面诸山，重重叠叠，拥护罗列，合沓暗拱，有万卒影从之势。混港、洪港两溪夹送龙身，交会于五里外。

水口诸山，皆大龙交缠。但穴结山腰，下铺田余，余气甚长，不免顿跌，势似顺局为异。然山势高大，穴虽高，犹是山麓间。而登穴夷坦藏聚，不知为高，亦不知有外面倾跌之患，此所以为美也。但离乡而贵，亦职此故尔。然龙势牵连，煞气未净，高金结穴，又是武星。金旺于西，以庚脉入首，作卯向，宜其贵皆以武功。且正干分受，钟山川正气，主忠贞而悠永不替焉。旧有记云：洪港东，洪港西，里有池塘外有溪。一如龙子去寻，又如龙母去盘儿。远看山断却不断，近看子母不相离。满床牙笏浑闲事，百万军声唱若齐。今乡传为杨筠松益避巢乱，过此爱之，求以葬母。后其孙有为麟州刺史者，值时乱，天下分南北，莫能归，遂居太原，世为边将云。即杨无敌等，亦莫考其实。

按：是地山势丽雄，不见脱卸，而煞气未除。兼以僻在万山中，局甚逼窄，无龙虎明堂，不见外洋，不入俗眼。只是穴情一小窝可受，所谓璞中之玉，非哲师莫辨。

传疑：杨无敌，宋初太原人。父信汉，麟州刺史。无敌名业，事刘崇，屡立战功，时号无敌。太宗征太原，业劝其主继礼降，以保生众。太宗召见，以业为代州兼三交驻泊兵马都部署，屡与契丹战，被擒，不食而死。业不知书，忠烈武勇，有智谋，与士卒同甘苦，故士卒乐为之用。子延昭，太宗时以崇仪使知保州，屡败契丹。

后为商阳关副都部署，智勇善战。契丹惮之，目为杨六郎。昭子文广，从狄青南征，为广西钤辖，知宜、邕二州，英宗称为名将。屡迁兴州防御使、秦凤副总管。后徙定州，迁部军都虞候。辽人争地界，文广献阵图，并取幽、燕策，未报而卒。其后世为边帅。

丰城陆侍御祖地： 下图在丰城县，土名尧坊筲箕窝，乃陆氏祖墓。

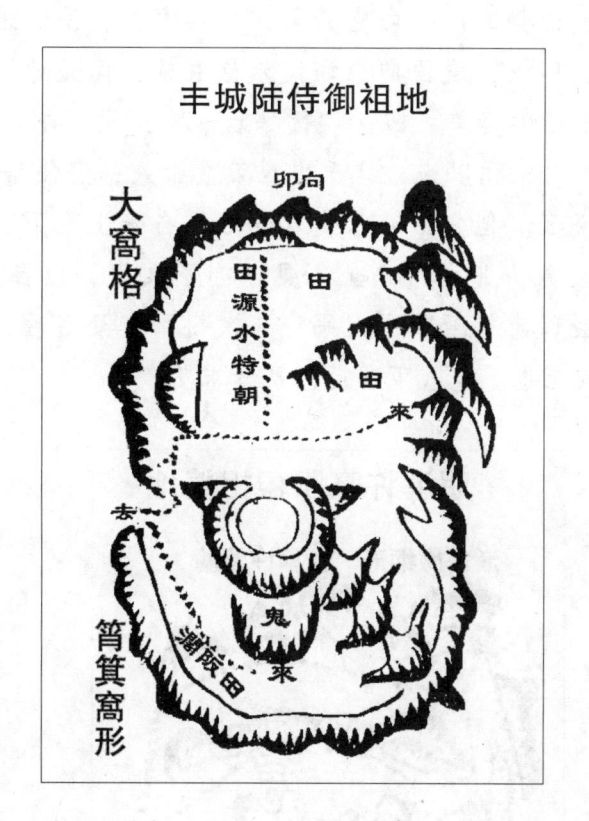

丰城陆侍御祖地

大窝格

卯向

田源水特朝

田

田来

筲箕窝形

潮峡田

鬼来

去

其龙起自真军脑，冲天火星作祖而来。迢递至尧坊，脱卸平岗，左栖右闪，逶迤活动。将入首，顿起走马金星。数节大断，起正体太阳金星，开口成大窝穴格。登穴视之，有似空旷粗大。殊不知逆水涨潮，妙在粗大。穴虽空旷，亦不足畏。下手庙山，收尽洋朝诸流之水，山川相等，四兽和平。陆氏葬后，人财聚发，时通公官侍御。梦麟侍御，梦豹主事；曰应川、曰策，登科甲，福祉未艾。

人子须知（上）

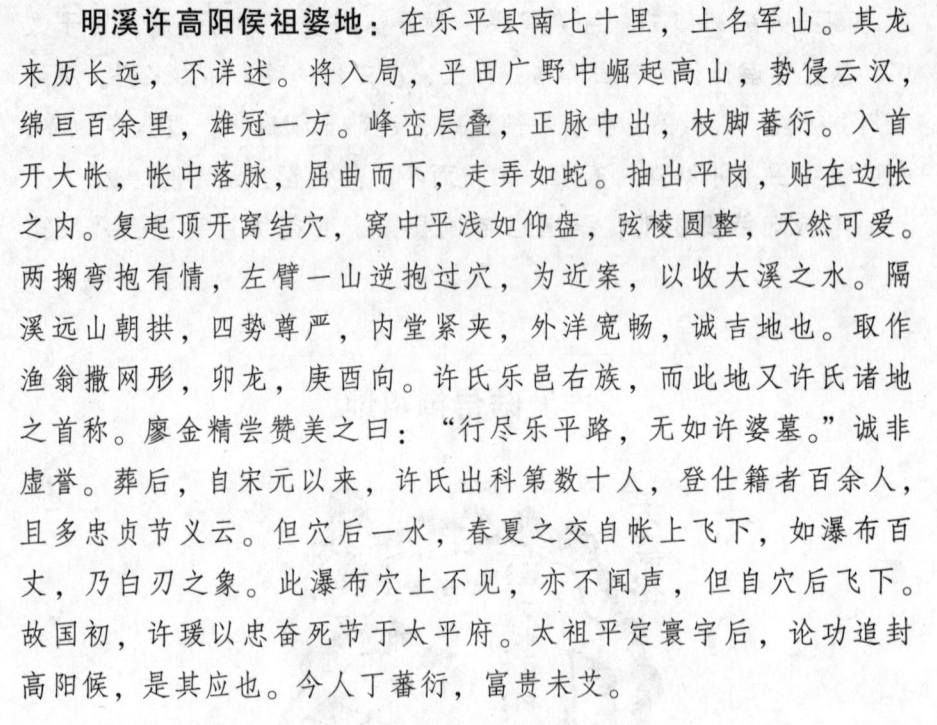

明溪许高阳侯祖婆地：在乐平县南七十里，土名军山。其龙来历长远，不详述。将入局，平田广野中崛起高山，势侵云汉，绵亘百余里，雄冠一方。峰峦层叠，正脉中出，枝脚蕃衍。入首开大帐，帐中落脉，屈曲而下，走弄如蛇。抽出平岗，贴在边帐之内。复起顶开窝结穴，窝中平浅如仰盘，弦棱圆整，天然可爱。两掬弯抱有情，左臂一山逆抱过穴，为近案，以收大溪之水。隔溪远山朝拱，四势尊严，内堂紧夹，外洋宽畅，诚吉地也。取作渔翁撒网形，卯龙，庚酉向。许氏乐邑右族，而此地又许氏诸地之首称。廖金精尝赞美之曰："行尽乐平路，无如许婆墓。"诚非虚誉。葬后，自宋元以来，许氏出科第数十人，登仕籍者百余人，且多忠贞节义云。但穴后一水，春夏之交自帐上飞下，如瀑布百丈，乃白刃之象。此瀑布穴上不见，亦不闻声，但自穴后飞下。故国初，许瑗以忠奋死节于太平府。太祖平定寰宇后，论功追封高阳侯，是其应也。今人丁蕃衍，富贵未艾。

明溪许高阳侯祖婆地

渔翁撒纲形　乡称许婆墓

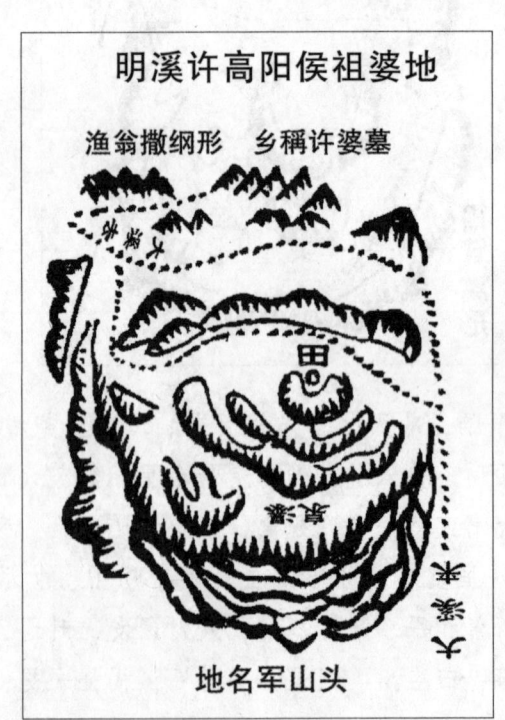

地名军山头

按：瀑布泉乃如白刃之状，宅墓俱不宜见，即吉地亦有兵刃之应。此水宜居水口间，谓之挂剑水，于内必有大地。如匡庐瀑布泉，乃西江水口也。

德兴余氏祖地：下图在吾邑南门外五里，地名长塘。其龙与县龙分脉后，起五星聚讲，入局开五脑梅花账，磊落数节，大断穿田，起串珠金四座。又大断走弄，三星结金星开口，成深窝穴格。窝既深，却中垂微乳，穴安乳头，赖公所下，取曰草蛇吐舌形。艮龙，扦癸山丁向。葬后，余氏连登科甲，富贵双全，迄今未艾。

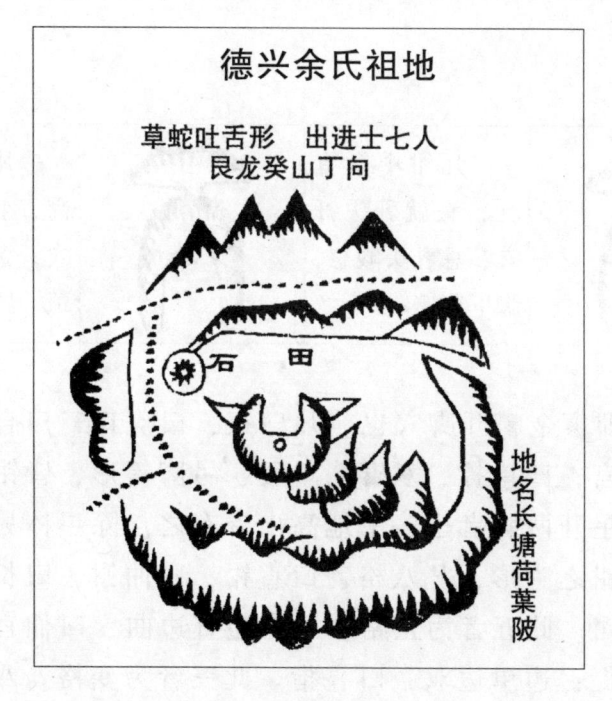

德兴余氏祖地

草蛇吐舌形　出进士七人
艮龙癸山丁向

石　田

地名长塘荷叶陂

按：深窝格，窝既深，必有微乳，乃阳中又有阴，方有融结。否则，纯阳无化气，不能结穴，谓之空窝，葬之主绝人丁。但此等微乳，非哲师莫能辨。此地若以山势星辰取形，全不类蛇。赖公乃命形曰"草蛇吐舌"，盖全以穴情取之，其旨微矣妙矣。哲师之重穴如此，孰谓赖氏专于天星而不论形穴哉！

以上开窝穴格，即廖金精开口穴也。姑附此数图，以见其概。

夫窝穴为穴法第一格，惟要大小深浅适得其宜，不可太小，不可太大，不可太深，不可太浅。大窝、深窝又须窝内有微乳微突，方有化气。其小窝、浅窝，切有弦棱明白，两掬弯抱，窝中平坦天然，此为融结得真。如太小浅，恐开窝不明，又非真结。务宜细察，不可潦草，慎之！慎之！

论钳形之穴

	凡钳中微有乳，宜就乳头扦穴，忌乳头峻急，脚下落槽。		凡钳中微有窝，宜就窝中扦穴。忌漏槽、贯顶、界水淋头。

钳穴即廖金精开脚穴也。凡曰钗，曰虎口，曰合谷，曰夹穴，曰僊宫，曰单提、双臂、单股、弓脚等形，皆钳穴之异名耳。乃穴星开两脚者也，平地高山皆有之。除星体另论外见穴星卷，而钳之为形，凡八格，曰直钳，曰曲钳，曰长钳，曰短钳，曰双钳。此五者为正格。又有边直边曲，曰仙官；边长边短，曰单提；边单边双，曰叠指。此三者为变格。八格各有二体，一是钳中微有乳，乃乳穴之变来者，宜就乳头插穴。要两边界水明白，顶头圆正。切忌乳头粗硬，脚下落槽，左右折陷，元辰直长。一是钳中微有窝，乃窝形之变来者，宜就窝间扦穴。要弦棱分明，顶头圆正。

切忌漏槽、贯顶、界水淋头，不可不审。八格之形，又各有俯仰不同。身俯则须微乳，面仰多是微窝，葬同前推。廖金精云

"凡开脚之穴，灵光向内而潜藏，余气贴身而护卫，左右或有不齐，上下初无二用，所以谓之吉穴"是也。大要顶上端圆，钳中藏聚，弓脚必须逆水，单股切忌直长。最怕漏槽贯顶，界水淋头，元辰倾泻，堂水卷廉。

《经》曰："钳穴如钗挂壁隈，惟嫌顶上有水来。钗头不圆多破碎，水倾穴内必生灾。"吴景鸾《秘诀》云"钳穴元辰多不收，莫教直泻退田牛。明堂融聚财砂绕，定有荣名播九州岛岛岛"是也。又有桡棹之间、枝叶之内、界水之中，多有直钳，谓之假钳、虚钳，务须详辨。如误下之，主退败资财，多出疾病幼孤老寡，随以绝灭，不可不慎。若后龙真的，入首明白，星辰合格，证佐分晓，此穴最贵。

钳形八格：直钳、曲钳、短钳、长钳、双钳，以上五者正格也；边曲边直钳、边长边短钳、边单边双钳，以上三者，变格也。

人子须知（上）

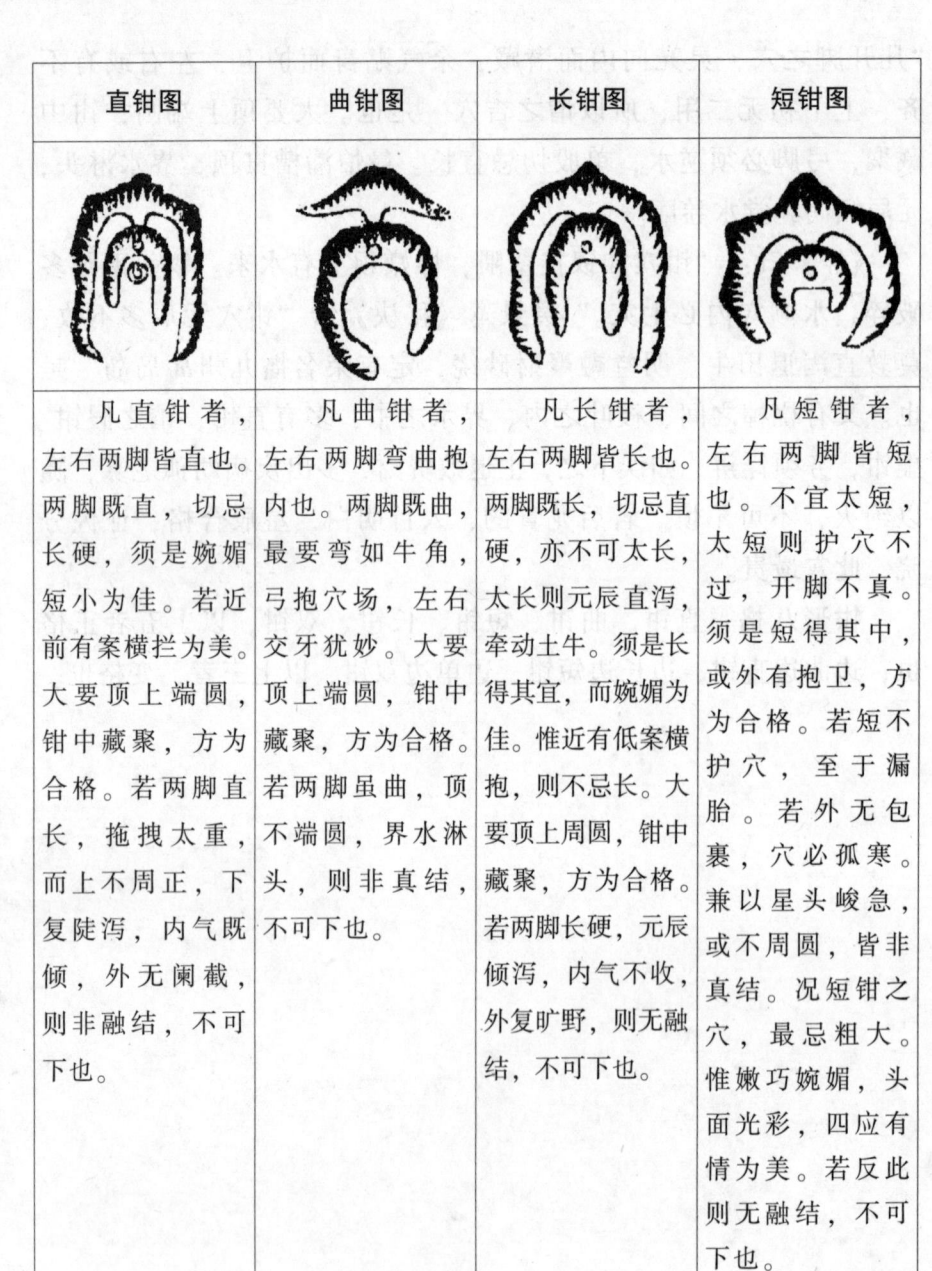

直钳图	曲钳图	长钳图	短钳图
凡直钳者，左右两脚皆直也。两脚既直，切忌长硬，须是婉媚短小为佳。若近前有案横拦为美。大要顶上端圆，钳中藏聚，方为合格。若两脚直长，拖拽太重，而上不周正，下复陡泻，内气既倾，外无阑截，则非融结，不可下也。	凡曲钳者，左右两脚弯曲抱内也。两脚既曲，最要弯如牛角，弓抱穴场，左右交牙犹妙。大要顶上端圆，钳中藏聚，方为合格。若两脚虽曲，顶不端圆，界水淋头，则非真结，不可下也。	凡长钳者，左右两脚皆长也。两脚既长，切忌直硬，亦不可太长，太长则元辰直泻，牵动土牛。须是长得其宜，而婉媚为佳。惟近有低案横抱，则不忌长。大要顶上周圆，钳中藏聚，方为合格。若两脚长硬，元辰倾泻，内气不收，外复旷野，则无融结，不可下也。	凡短钳者，左右两脚皆短也。不宜太短，太短则护穴不过，开脚不真。须是短得其中，或外有抱卫，方为合格。若短不护穴，至于漏胎。若外无包裹，穴必孤寒。兼以星头峻急，或不周圆，皆非真结。况短钳之穴，最忌粗大。惟嫩巧婉媚，头面光彩，四应有情为美。若反此则无融结，不可下也。

　　凡直钳、长钳，皆紧夹贴身，入穴抱掬有情。不似龙虎推车，长直无情之比，方为真格。

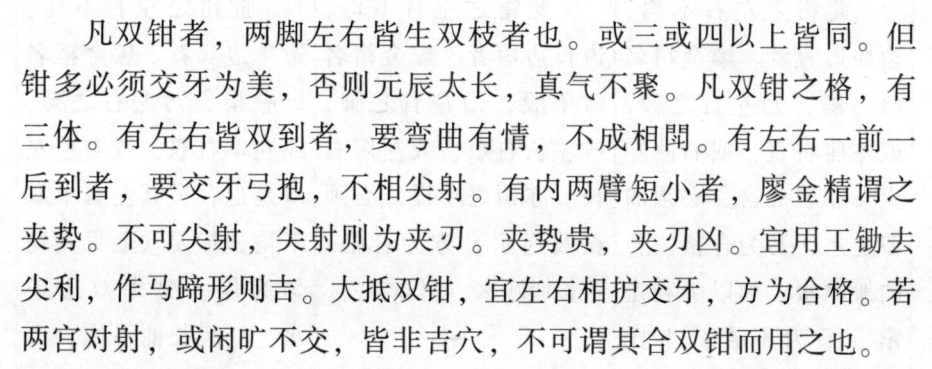

双钳图一	双钳图二	双钳图三
此两边齐对，一长一短，不相闂竞，乃为吉。	此两宫弓抱，一前一后，穿牙护穴，不相尖射，乃为吉。	此内两臂甚短小，名曰夹势，忌其尖射，名曰夹刃，凶也。

凡双钳者，两脚左右皆生双枝者也。或三或四以上皆同。但钳多必须交牙为美，否则元辰太长，真气不聚。凡双钳之格，有三体。有左右皆双到者，要弯曲有情，不成相闂。有左右一前一后到者，要交牙弓抱，不相尖射。有内两臂短小者，廖金精谓之夹势。不可尖射，尖射则为夹刃。夹势贵，夹刃凶。宜用工锄去尖利，作马蹄形则吉。大抵双钳，宜左右相护交牙，方为合格。若两宫对射，或闲旷不交，皆非吉穴，不可谓其合双钳而用之也。

钳形变格

凡钳穴，各有二体。一是钳中微有乳，一是钳中惟有窝。其钳之曲直长短等格，又各有左右转金、转火、转水、转木、转土，及一脚转金，一脚转木，一脚转水，一脚转火，一脚转土，凡二十五格，及带曜穴格，各与前窝穴相类。图繁不载，学者例推之可也。

人子须知（上）

边曲边直图	边长边短图	边单边双图
此右曲左直，名曰右仙官，亦曰右官脚。　此左曲右直，名曰左仙宫，亦曰左官脚。	此右长左短，名曰右单提。　此左长右短，名曰左单提。	此右双左单钳穴，名曰右叠指。　此左双右单钳穴，名曰左叠指。
此钳之左右不均，边曲边直者。廖金精名曰弓脚，乃左右之脚，或左曲右直，或右曲左直。亦名仙宫。必须曲股逆水，乃为合格。若曲股顺水，加以尖利走窜，最为不吉。卜氏云："东宫窜过西宫，长房败绝；右臂尖射左臂，幼子贫寒。"极验，不可下也。	此钳之左右不均，边长边短者。廖金精名曰单股，乃左右之脚，或左长右短，或左短右长。亦谓之单提。必须长股逆水，方为合格。若长股顺水，则非吉穴。	此钳之左右不均，边单边双者。廖金精名曰叠指，乃左右之脚，或左单右双，或右单左双是也。虽其左右单双不均，却要穴上见其均匀为佳。又须双边逆水，外股长曲弓抱，方为合格。若长枝顺水，有飞走之势，不可下也。此穴形类叠指，主人戏乐无度，爱赌博。然龙真穴的，决不破家。直至龙尽气止，福力已竭，亦以赌钱而败。主生六指之人。

钳穴名地诸图附后

图一：在京山县南二十里，土名欧家冲。其龙来远，不详述。入局起御屏土星，正脉中落，逶迤数节，到头复束气，起金星，开钳结穴。钳脚掬抱，弯曲有情。下吐余毡平坦，明堂田源之水特朝。前沙天马、贵人、旗鼓、排衙罗列，水口交固，而兑峰卓立特秀，乃催贵之地。王氏葬御史虹塘公，宗茂公女配太史李公维桢，以茂龄膺诰封，是其应也。今福祉方隆。

凡巽、离、兑三位之峰特秀者，主出女贵。此地兑峰独秀，甲于群山，故女贵应之。

图二：在承天府北四十里，地名老人仓。龙远不述。入局平岗开帐过峡，牵连如浪涌，摆折活动。入首成太阴金星，开两钳结穴。顶圆而钳脚直夹，细嫩妩媚。穴下平坦如掌心，四势和平。葬后第四代出端愍公，大节登进士，官至兵部左侍郎，赠尚书。今世宦未艾。

京山王御史地

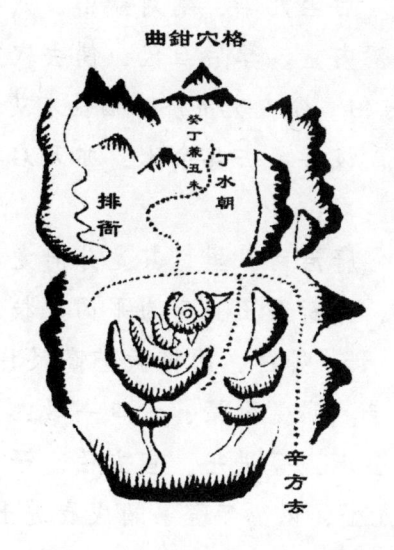

曲钳穴格

癸丁兼丑未
丁水朝
排衙
辛方去

图一

承天商尚书祖地

直钳穴格
外面太湖，登穴不见。

湖
高田
田
盐池
来龙
来

入首亥龙，壬山丙向
有案无朝，内聚外宽

图二

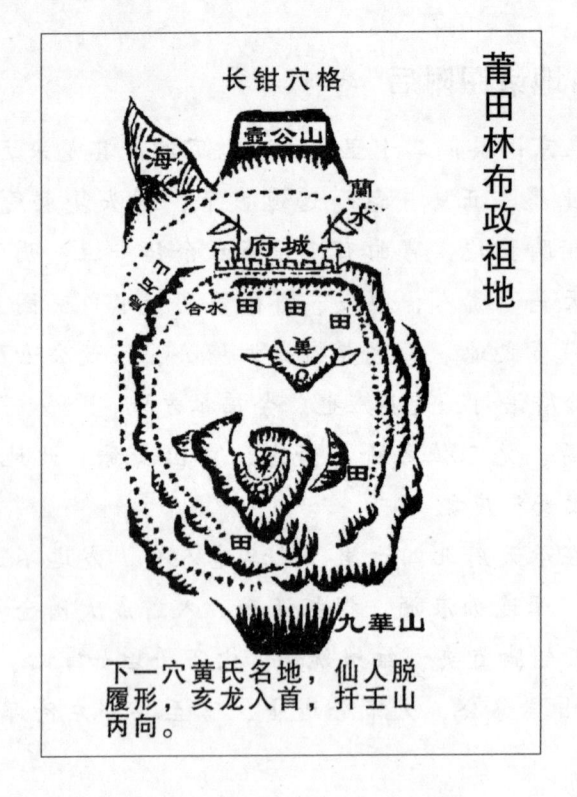

```
          莆田林布政祖地
   长钳穴格
     壺公山
          蘭
          水
      府城
     田
   合水  田
      裏
         田
      田
      九華山

下一穴黄氏名地,仙人脱
履形,亥龙入首,扦壬山
丙向。
```

莆田林布政祖地：上图在莆田城北一里。其龙分府干旺气，奔腾磊落。入首起金星，开钳结穴。后坐九华，前对壺山，穴甚尊贵。但两钳既长，前铺余土，壅塞内堂。葬后三代，偶去穴前之土，二泉公澄源即登会魁，官至方伯。今人文济济，福祉未艾。

按：是地龙旺穴秀，撞脉安棺，极善。去其余土，亦天启其衷耳。造化福善，岂偶然哉！

莆田叶布政祖地：下图一在兴化府治南三里。其龙分府龙之旺，磅礴绵亘，气势雄伟。比入首，大断穿田，变为平冈。枝脚均匀合格，结倒地木星节包之穴。开钳明白，两掬微茫高尺许，弯抱有情。穴上吐出毡唇，证佐分晓。明堂融聚，水口一墩，关锁交固，诚美地也。葬后，出梅峰公珩，登进士，官方伯。子曰士宾，登会魁，官正郎。孙荆坡公九金，以少年登嘉靖戊辰进士，累任金宪。人才迭出，富贵方隆。

图一　　　　　　　　图二

台州王氏祖地： 上图二在临海县西南五里。其龙发自望海峰左枝，顿起大帐。中有冲天木星，番身转换，抽出水木，连行数节。两畔送从齐来。中脉跌断过峡，有扛夹。再起大帐，落脉做穴，开钳分明，坐辰向戌，乘干气入首。前案如屏如几，逆水有情。大江横绕，隔江帻山挺然，临江双塔秀异。明堂平坦，又有小水交锁。登穴观之，诸峰逞异，虽俗眼亦知其吉地。盖阳龙阳向，结成阳局，形势雄勇，力量必大，此其证也，孰谓辰戌可弃诸？

但要避其金气为妙耳。四金者，辰戌丑未是也。辰有亢金，戌有娄金，丑有牛金，未有鬼金。乘气分金，必避此亢、娄、牛、鬼之度。然天度五行，又有微妙。四金宿间，复有属土属水者，尤为吉度，不可一概谓金气也。

故丑未胜于辰戌。辰戌亦有大吉之度，必真传者能知之，能用之耳。此台州王车溪公墓，出五代连登进士。石梁公官太守。曰王宗，会魁、进士，官知府。曰文，进士，官参政。曰冕，乡魁。曰愿，刑部员外。曰璘，进士。曰度，进士、知府。曰胤东、

龙泉张侍御祖地

曰亮，进士。福祉未艾。

龙泉张侍御祖地：左地在龙泉县东北三里。其龙分县龙旺气，开帐过峡，连起三节金星，即结二穴，皆吉。而右为正穴，乃御史父地。左穴其祖也，曜气发扬，不利初年。葬后稍不吉，三十年后出贵，大旺，主显贵巨富，今福祉方亨。

按：是地也，龙分县脉旺气，开帐过峡，数节结穴，穴情明白，曜气发扬，诚吉地也。左穴力差轻。右为正穴，其葬未久，福祉犹未发越。御史公名元启，号文峰。

论乳形之穴

不纽会图		左右两臂弓抱，不纽会。
纽会图		左右两臂弓抱而纽会。

乳穴即廖金精悬乳穴也。一名垂乳，一名乳头，乃穴星开两臂，中间生乳者是也。平地高山皆有之。除星体另论外^{见穴星卷}，而乳

之为形，凡六格：曰长乳，曰短乳，曰大乳，曰小乳。此四者为正格。曰双垂乳，曰三垂乳。此两者为变格。六格各有二体，一是左右两臂弓抱纽会，一是左右两臂弓抱不纽会。盖乳穴最忌缺露凹折，故必有两臂卫区，方为真结作耳。六格之形，又各有俯仰不同。身俯则须脱煞就粘，面仰又宜凑球接脉，不可不审。若后龙真的，入首明白，星辰合格，证作分晓，此穴极贵。廖金精云"凡悬乳之穴，生气凝聚而下垂，灵光发露而外见，两宫具到，一乳正中，所以谓之吉穴"是也。大要圈中舒畅，乳上光圆。最忌两臂无情，左空右缺，折陷凹亏，水穿风射。

《经》云"乳头之穴怕风缺，风缺入来人灭绝"是也。又有垂乳而斜曲者，谓之假乳。《经》云"凡是乳穴曲即非，曲是包裹非正穴"是也。盖正中是垂乳，斜曲是山脚，故尔。及有垂乳而粗顽、臃肿、峻急、崚嶒、突露、硬恶，皆谓凶乳。廖金精云："饱肚粗如覆箕样，丑恶那堪相。"吴景鸾云"粗雄臃肿及峻急，斗煞冲刑大不宜"是也。凡此之类，务须详辨。如误下之，主军贼少亡，孤寒绝嗣，不可不慎。

乳形六格：长乳、短乳、大乳、小乳。此四者正格也。双垂乳、三垂乳。此二者变格也。

人子须知（上）

长乳图	短乳图	大乳图	小乳图
此长乳者，两掬中间垂乳长也。不宜太长，太长则脉不活。前辈多以长乳分三停立穴，谓之天、地、人三才之穴，必须要有宛然平坦处，审前后左右四势情意扦点。不可于峻急、直硬强勉凿穴。大要两弓将抱，一乳正中，不欹不侧，不峻不粗，方为合格。若长而硬，粗而峻，如饱肚肿脚，如竹篙，如掷枪之类，则非真结，不可下也。	此短乳者，两掬中间垂乳短也。不可太短，太短则力微气弱。须是短得其宜，界水明白为佳。大要左环右抱，一乳正中，不粗不峻，方为合格。若太短而急硬粗峻，界水不明，或如覆箕，或如顿钟之类，则非真结，不可下也。	此大乳者，两掬中间垂乳大也。大近于粗。不可太大，太大则必粗顽臃肿。须是大得其中，不粗不饱为佳。大要左右弯环，抱卫有情，一乳正中，不欹不峻，方为合格。若大而粗，硬而急，肚饱臃肿，阔大懒坦，则无融结，不可下也。	此小乳者，两掬中间有微乳也。不可太小，太小则力微气弱。又恐左右两掬雄压欺穴。须是小得其中，乳头光圆，左右相称为美。大要两宫环抱，一乳正中，小而不弱，界水分明，不欹不峻，乃为合格。若太小而甚微，瘦弱尖细，左右欺穴，旁山高压，则非真穴，不可下也。

地理人子须知卷十一

双垂乳图	三垂乳图
楚星　　麒麟	三台
此乳形变格之双垂乳者，两掬中间垂下二乳也。要大小、长短均匀。可下双穴，福力相等。须星辰尊重，双乳齐垂，左右抱卫有情，方为合格。若一长一短，一大一小，一瘦一肥，一斜一正则非。宜审其特异者下之。若更不周正，势非自然，必无融结，不可下也。	此乳形变格之三垂者，两掬中间垂下三乳也。要大小、长短、肥瘦相等。可下三台穴。须是后龙旺盛，气势弘大，方结此穴。必要三乳同垂，左右回环，方为合格。若是三乳不均，偏正美恶有异，宜审中乳合格者下之。如中乳又不足观，则非融结，不可下也。

乳穴，其乳下又各有出金、出木、出水、出火、出土五格，具下：

垂金	生水	夹木	带火	穿土
圆者为垂金，当乘金向坠处立穴，方为合法。	曲者为生水，当乘水动下平处立穴，方为合法。	直者为夹木，当分三停立穴，方为合法。	尖者为带火，当压杀剪火立穴，方为合法。	方者为穿土，当乘圆就方，量中心立穴。垂乳之下平齐即穿土。

183

凡乳穴者，皆有此五等，及带曜八格。图繁，不及详具。后穴星皆仿此。乳穴名地诸图附下。

万山下余氏三郡侯祖地

长乳穴

桐木坞中扦甲向
三代郡侯家富旺
此赖公记也

垂乳穴，穴打乳头，乾亥转辛戌入首。

万山下余氏三郡侯祖地：左地在银邑治南五里，土名桐木坞。其龙来远不述。比入局，开大帐，帐顶起三台，落脉磊落，如群羊出栈奔跃，数峰可爱。入首复大断过脉，转身顿起星辰结穴。中垂长乳，旁开两肩，穴安乳头，不急不饱。前吐余毡，右拖曜气。近案一山，紧关内气，逆收大河。前朝马上贵人，端拱有情。内堂紧夹，外洋开畅。赖布衣记曰："桐木坞中扦甲向，三代郡侯家富旺。"余氏葬后，果出三郡守，曰述先者，其一也。皆守磁州，富盛未艾。

舒御史祖地：右地在吾邑水车宅背。坞龙入局，连立数峰，奔腾磊落。将入首，大断度脉，转身垂短乳结穴。前吐余毡，后拖鬼星。下臂逆搦有力，大溪环绕。前峰马上贵人朝拱。葬后出念庭公鳌，登进士，官御史，今福祉未艾。

临海何尚书祖地：下地在台州府治东南七十里，地名水家洋。其龙来自苍山，历黄岩，迢递数

舒御史祖地

短乳穴，乳脉短，取横要 腰脊气扦穴。

马上贵人
大水来
张宅
鬼

龙尽尽处结张氏阳基，自宋迄今，科第继联不替，可见力量大也。

百里。中间剥换，不及详述。至将结数里之外，如云从雾拥，顿起星峰，横开大帐，重重过峡，涌起御屏。屏中抽出一脉，石骨清奇，尖秀特异，如玉笋，呼为牛角尖。尖下串珠走马，又过峡，顿起大阳。中垂大乳，两肩开翅，亦如唐帽之势。取仙人坦腹形，仙童案。

临海何尚书祖地

乳格

（图中标注：天台仙居临海水来、黄岩太平水来、路、田、石、海门、海）

　　其前朝之山，乃自数十里共祖分枝，绕转二十里，逆水上奔至穴当前，以为正应。又收明堂之水。其左山亦在十里前共祖分枝，星峰秀异，迢送至穴上手而止。顿起高岩白楼峰，是为北辰，镇塞内水，挺然可怪，穴中不见。其水即左右两源，皆自十里外夹送至穴前小明堂交纽。海潮一来，九曲而入。其大江水大交会，一边天台、仙居、临海三县水会，一边太平、黄岩二县水会。大海门二山，皆在千里之外，至此交会，以作门户。此门即台郡大水口，此地却近门户，所谓"大地多居水口间"者是也。葬后，出太守公庞,登癸丑进士。尚书公宽,登庚戌进士。儒官麟桥。坐庚向甲,贵应庚甲。尚书公甲戌生,太守公庚午生。但庚、酉、辛、甲、癸生人皆贵。且穴星端岩,昌、曲应位,宜有理学名臣、忠孝廉节之应。穴形乳头大,而复开口平坦,做穴奇怪。初葬下级,复迁上级而得真穴。

台州金侍郎祖地： 右地在台州府治南三里,土名紫纱岙。其龙发自望海峰,辞楼下殿,大顿小伏,委蛇奔行,有剥有换。比至结穴,作巨门土星。中落一脉,成带福金星,微微开口,却吐出唇毡,平坦百丈。后枕巨门如屏。屏后望海峰插入云中。两畔耸起尖峰,天乙、太乙、四神、八将、三吉皆相拱照。青龙本身一臂包外,双塔挺然,应山远在云霄。下关逆水绕上,又有阴砂弯抱,小水缠于足下,交固周密,真吉地也。其左畔一穴尤妙,盖自带福金星前分落,又复曲行数节,转身做穴。界合明白,而内堂之水至此聚注。前有逆水下关之山以为正案,近身阴砂弯如金带。乃其始祖葬后,科甲蝉联,乃立爱、立微二公祖也。

台州金侍郎祖地

南康陶尚书祖母地： 下图在南康府治北,土名五里牌。其龙起庐山五老峰,廉贞火星作祖,开大帐,正脉中出,逶迤大断过峡,起少祖山,又开帐连节,星峰顿跌栖闪,穿田度峡,起金水星,展翅飞蛾入首结穴。开钳中垂小乳,伶俐圆净。穴前平坦,毡唇左右弯环掬抱有情。其府治龙，自少祖山分左脉，逆水奔上，缠过穴前，包裹有力。当穴前塌落平田，以献外秀。塌后复起高山，横绕右畔，关锁紧密，以收内气。前小明堂低田仅十数丈。外阳洋澜，左蠡大湖数十里暗朝。前面马上贵人，隔湖端拱。其下白沙山，如襄旗，如横柄，如叩首，如囚奴，伏列于下，真美地也。葬后，出剑峰公陶尚德，登嘉靖丙戌进士，官至刑部尚书。母百岁重封，人丁大旺。

南康陶尚书祖母地

小乳格

壬山丙向

白沙山　大湖　南康府治　龟山　田　田　田　穿田　白鹿洞　五老峰

地理人子须知卷十二

江右德行山人 徐善继 徐善述 同著

论突形之穴

突穴图

山谷之穴要藏风。故山谷之突穴，须左回右抱，切忌孤露受风。卜氏云"山谷且要藏风"是也。	平洋之穴要得水。故平洋之突，四畔坦夷，亦不为害。但要界水分明，水势注聚，或绕抱为佳。卜氏云"平洋先须得水"。

突穴即泡穴也。《葬书》云"形如覆釡，其巅可富"是矣。凡曰鸡心、鱼泡、鹅卵、龙珠，及夫紫微旺龙等形，皆突穴之异名耳。乃穴星平中起突者也。廖金精云如旋螺，如覆杓；卜氏云"平中一突为奇"；郭参军曰"地有吉气，土随而起"者；皆突穴之谓也。平地高山皆有之，而平地为多。高山之突，必须左右环抱，两臂周遮，方为真。切忌孤露受风，生气飘散。平洋之地，忽然起突，惟要界水明白，来脉分晓，左右虽皆平坦，亦不为害。高山求窟，平洋求突，故平洋多。俗谓蜘蛛结网、没泥龟蛇等形。盖平地风从地面而过，故不畏风。杨筠松云"平洋不怕八风吹"是也。除星体另论外见穴星卷，而突穴之为形，凡四格：曰大突，曰小突，二者为正格；曰双突，曰三突，二者为变格。四格之形，

又各有俯仰不同。身俯则穴宜凑檐避球，面仰则穴宜凑球避檐，不可不审。若后龙真的，入首明白，星辰合格，证佐分晓，此穴最贵。盖起突之穴，灵光凝聚于中，余气弥漫于外，所以谓之吉穴。大要突面光圆，形体颖异。高山切忌风吹，平洋必须得水，乃为至要。又有行龙引脉，水口罗星、关峡墩埠、山脚漏落、神龙仓库及印墩之类，皆有突象，谓之假突虚突，务须详辨。如误下之，主贫穷孤苦，飘荡伶仃，不可不慎。

突形四格

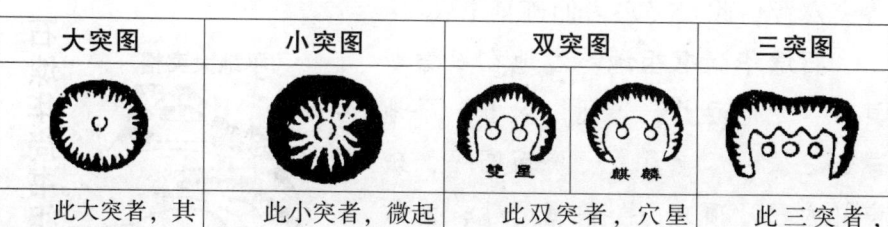

大突、小突，此二者为正格。双突、三突，此二者为变格。图具下：

大突图	小突图	双突图	三突图
此大突者，其突高大也。平地高山皆不宜太高大。若太高大则近粗顽，不成突格。须是大而相停，不至粗肿顽懒为佳。切要突面光圆，形体颖异，乃为合格。大突多为水口罗星，及龙身漏落仓库、金箱玉印之属，务宜详辨，不可误也。	此小突者，微起小突也。平地高山皆不宜太小。若太小，则起突不真。须是小而合格，不至微弱无依为佳。切要突面光肥，形体颖异，乃为合格。如或微小，高低不明，界水旷阔，或水割四畔，微弱无依，皆非真穴。凡小突多为引脉气泡，或关峡几珠，或印墩之属，务须详辨，不可误也。	此双突者，穴星并起双突也。昔人谓之双星，亦有两畔生聊牙歧者，昔人谓之麒麟，皆可下两穴。切要大小、高低、肥瘦均匀，突面周正，形体颖异，方为合格。若大小不等，肥瘦不匀，高下参差，务须详辨，择特异者下之。若彼此似可而不正，狐疑难辨，美恶不分，皆非真结，不可下也。	此三突者，穴星并起三突也。昔人谓之三台，可下三穴。切要大小相等，突面光肥，形体颖异，方为合格。若大小不均，又当审其特异者下之。如彼此疑惑，美恶不辨，则非真结，不可下也。

人子须知（上）

凡突形有突而圆者⊙，突而方者▫◇，突而棱者△▽，突而直者▯，突而横者▭，突而曲者▱▱，固不能悉述。又有出金、出木、出水、出火、出土五格。

出金	出木	出水	出火	出土
圆者为出金，当乘金向坠处立穴。	直者为出木，当剪木安穴。	曲者为出水，当乘动处安穴。	尖者为出火，当剪火立穴。	方者为出土，当乘圆就方立穴。

上突穴皆有此五者，及带曜八格，图繁，不及详载。后穴星各突穴皆仿此。突穴诸仙迹具下：

石埭华尚书祖地：右地在石埭城县后，龙与县共，不述。入首，平地连起三珠，尽突结穴，突面圆平，破突扦穴。后顶来脉，前据唇毡，左右交会，大溪横绕，名堂、朝对、水口皆吉。葬后松坡公锵登会魁，累官户部尚书，今福祉未艾。

江山赵都宪祖地：下图在江山县南六十里，土名石门龟山。其龙发自江郎山，落脉下平田，过阔阪一里许，复束聚结咽，成芦鞭格，作银锭束脉，顿起大突，成太阴金星，连气结突穴。突上微开钳口，俗呼龟形，系巽、巳、丙龙入首，扦亥向兼壬。葬后出方泉公锵，登嘉靖丁未进士，入翰林，官至都御史。至今人才迭出，福祉未艾。

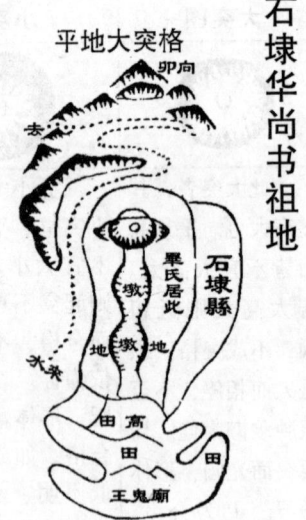

江山赵都宪祖地

平地大突格

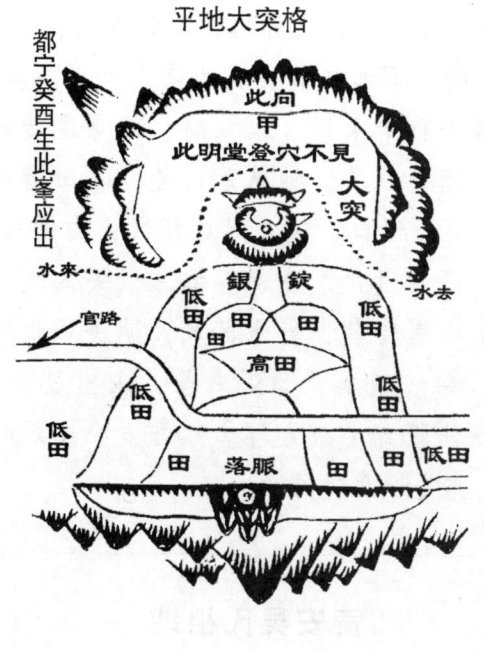

都宁癸酉生此室应出

此向甲
此明堂登穴不见
大突
銀錠
水来　水去
低田　低田　低田
官路　高田　低田
低田　田　落脉　田　田　低田

丰城黄大参祖地

山垅小突格

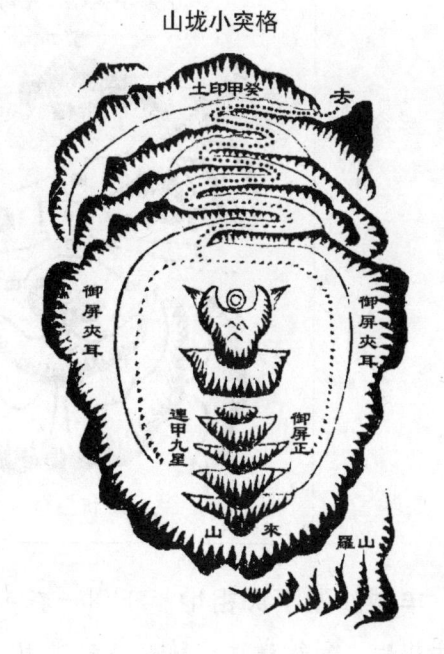

土印甲癸　去
御屏夹耳　御屏夹耳
御屏正
逆甲九星
山来
罗山

丰城黄大参祖地：右地在丰城县东南八十里，土名龙门。其龙来自罗山。将入首，横列大帐，周围圈幛。正脉从中顿起飞蛾，一气九星。到头起土星御屏，屏下太阳金星，垂脉清奇，而结突穴，小巧圆净可爱。穴下虽峻，而贴身龙虎弯抱交固。左右御屏夹耳，外重龙虎叠交，水绕之玄，狮象龟蛇镇塞水口，取作将军大座形，阴囊穴。登山万仞之高，亦天巧穴也。近有贵人秀案，远有挂榜列朝。葬后出朏公,登进士,官大参。曰翰,登进士,官太守。又有一父九子,人文鼎盛,富贵双全,福祉未艾。

黄安吴氏祖地:下地在黄安县西南二十里。其龙来自七个山,分出右枝,磊落奔腾十余里。比入局,翻身逆转开帐,为折三台中抽下平冈,又顿跌数节,抽脉落山麓,临田蘸水,起一小突结穴。突面平圆,下开钳口。破穴对口扦穴,内堂融聚,下关有力。左有顺缠近绕,低伏过穴。复起墩埠,以关内气,以塞水口。而外堂田源之水十余里特朝,得水藏风,诚美地也。但其前朝席帽贵沙失于登对,乘气稍乖,葬法未善,未出显贵,惟巨富旺人,以岁荐及应例登仕版者十余人耳。然吾友少虞君心学,以理学鸣时,为邑儒宗,亦是地之钟秀也。

黄安吴氏祖地

山麓小突格　俗呼龟形

癸向

田源水朝　席帽　大溪来

吴氏阳基　高田　田　去

田　地地田

折三台

丰城沙湖丁氏祖地:下图一在丰城县东半里,土名白沙墩。其龙结县后,余气崩洪过脉,复起平田,铺毡展席,马迹蛛丝。忽起平中一突，平面太阴开口，成天然之窝。但后龙穿凿，失其本体，不易誊认。丁氏葬后，科甲迭登。曰维城，官御史。维南，官寺丞。维阳，官主政。曰俊、曰仕、曰玑、曰璨、曰侃，俱贵。曰璐，官大参。曰錬，官少卿，富贵未艾。

丰城袁氏祖地：下图二在袁坊，龙远不述。入局开平地帐，坦夷无际。入首水中一埠，突出圆净。突下吐唇，四面巨浸，左右湖岸绕抱有情。远峰一点来朝。离脉，扦癸向。葬后科甲连登。曰润，进士。芳，进士，参议。光儒，知州。光翰、城、应、旗、实、游、国、宁，俱进士。亮度、均、咸、伯嵩、伯睿、伯钥、伯雅、奎，俱乡荐，世宦未艾。

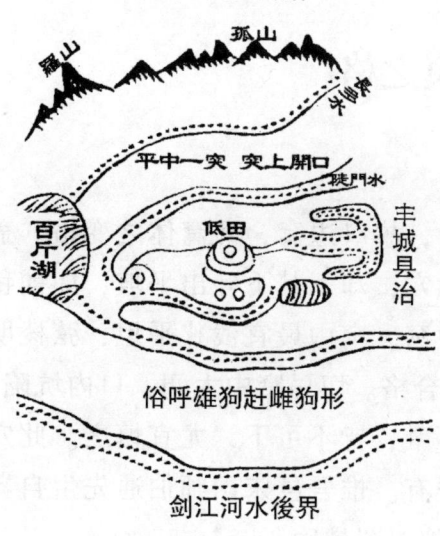

丰城沙湖丁氏祖地

平中突　突上窝格

俗呼雄狗赶雌狗形

剑江河水後界

图一

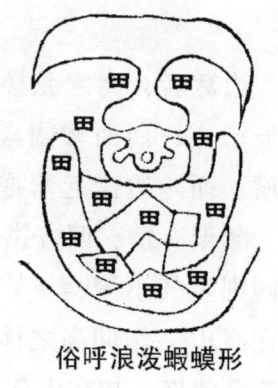

丰城袁氏祖地

水中突格

俗呼浪泼虾蟆形

图二

已上窝、钳、乳、突，穴形妙用，无踰于此。但造化之机，隐显不一。显则易明，隐则难辨。立诸形格，乃其显体，按图索理，人犹可知。至于正体之外，复有异形，曰边窝、并窝，曰分钳、合钳，曰闪乳、侧乳，曰鹘突、并突，及有窝钳而不葬窝钳，有突乳而不葬突乳数者，又其怪体，隐微难辨。苟非明师传示，历审古格，骤而见之，必骇而疑。正所谓"任君聪慧过颜闵，不遇真师莫强猜"者也。此等异穴，形体虽有不同，力量本无二致。但至贵之龙，方有此穴。必得真师传授，始识此格。如或未契肯綮，自任聪明，妄指平坡死块为边并之窝，欹斜山脚为闪侧之乳，界水漏槽为分合之钳，阔荡顽硬为鹘并之突，藉口怪异，胡作乱为，是犹学步邯郸，而为害愈甚矣。慎之慎之！谨将异体怪形诸格口诀述后。

窝之体二，曰边窝、并窝。钳之体二，曰分钳、合钳。乳之体二，曰闪乳、侧乳。突之体二，曰鹘突、并突。

论边窝之格

边窝者，窝之弦棱欠缺一边，故曰边窝，乃窝体之变格。盖星辰已止，而面峻阔露，不能融穴，却于其下吐出平坡，如铺毡吐唇，而一边微起弯抱，是为边窝。窝中最宜浅狭平坦，弦棱明白，藏聚有情，四方拱夹，方为合格。切忌窝中太阔，口内坑陷。太阔则生气不聚，坑陷则造化不融，皆不可下，尤宜慎之。此穴多在高山，作仰高之体，平地鲜有。惟吾邑宋国师伯通先生自葬父地合此格，却在山麓，切近平地。图具后。

边窝图

此左边窝　　　　　**此右边窝**

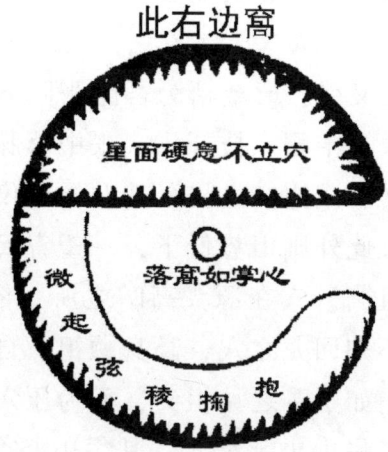

（图：星面硬急不立穴／落窝如掌心／微起弦／抱掬稜）

德兴傅学士祖地：右地在吾邑十四都，地名傅家村。其山自大龙分下，开帐出脉，磊磊落落。数节走马文星，开展翅。入首特起金星，正面峻急，铺下平坡。左畔微高五七寸，弯掬抱穴，合边窝格。外来石山高耸，其势如凌压。俗眼观之，但见穴离星体，接脉不着。且下抱短缩，右畔高昂，莫不弃之。殊不知木星峻急，气聚平坡。下沙虽缩，而贴穴一掬，彷佛高低，依稀绕抱。右山虽高，以本窝缺右，宜其补衬护穴。故取天马嘶风之格。

德兴傅学士祖地

天马嘶风形

国师傅伯通扦

人子须知（上）

兼以前朝秀丽，水口关栏，下后伯通奉高宗诏，拜异人，持节卜相临安。其孙文懿公，官至集贤大学士。学士子岩卿，官至集贤直学士，人丁大旺不替。

又引：廖金精为吾邑张氏下白牛坦地，乃合此格。其地大龙前去，中腰一枝开帐。帐中落脉数节，山半忽然平坦，左畔微茫掬转，成边窝之格。其左掬亦仅高数寸，坟头尚露，惟可护棺而已。此外则山势低下，一望青天，甚为空旷。面前一重案山，近而且高。穴在源头高旷之所，俗眼见之，莫不惊骇而訾其非也。殊不知回龙之穴，翻身顾祖，自然水源不远，案虽近高，乃系本祖，如子孙之见祖父，不为压穴。后龙虽去，而本枝转身结成大帐，帐中出脉结穴，其去山乃余气耳。虽高峻，本身一臂掬转，前面陡峻，皆蔽而不见。登穴平坦，不觉其为万仞山巅也。左边虽旷，而青龙兜转，依稀绕抱，穴不受风。此乃地理之至妙，而金精巧于作用者也。其山结穴之下，山脚四五飘然去，故俗唤锦帐挂银钩之格。葬后张氏出一文一武一神仙，富贵绵远，至今不替。虽不尽系之此，而廖金精为张氏作地，惟此最先，则此又张氏富贵之萌也，其图于下。

按： 金精为张氏所下地，诸课总为一帖，题曰《钟秀图》。考其年月，此最先也。

廖金精下吴园张氏白牛坦地图。（图右）

未葬时常见白牛在穴处登山遂不见

中金贵马人门
丙向
穴中石现明堂
鼓星　凤岭　官路
大龍此去八九十里
一取蟠龙玩月形
又取锦帐挂银钩形

课曰：其山远，自乾亥高耸结顶，转艮如蛇行如蟠。入丁、酉、兑，又转艮，屈曲入亥，作丙向，发元辰丙水，五步归丁，转卯转巽长流，蟠龙玩月形。面前旗鼓文笔排列，天马门中贵人朝拱。择巳酉七月十四日戊寅申时，开土深五尺。记曰：腾云紫气欲侵天，左左阴阳近穴前。山水并朝廉贞现，为官清正四方传。木金高耸两相看，一土阴阳并一段。杀气入云攒簇簇，凤书来聘去为官。仙桥帐下势盘桓，登穴分明在半天。南极耸奇辛巽应，有文有武有神仙。熙宁二年八月廖禹记。

按：是地登穴高三里，又平坦有亩余如掌心。穴下余气山去甚长，凿井截其气，且以大龙帐中落脉结穴，穴在万仞山巅。其妙惟在峻处有平，登穴不知其高，是为天巧之穴，非常见所识。世俗寻龙，但知大尽处求地。此等穴则在所弃。噫！非廖师之神目，主人之明见，孰能作之？其后果出忠定公煮，为参知政事；甲公，封忠烈侯；仙君范——紫琼真人，卒如金精之言云。

论并窝之格

并窝图			
	此二窝之并结者，要二穴俱下即发。		此三窝之并结者，宜并下三穴。

此并窝者，一星而有数窝也。有两窝可下两穴，有三窝可下三穴，皆有富贵。三窝中穴力量差胜，来龙甚贵者方结此等形穴。要窝中圆净，弦棱明白，大小相等，方为合法。浙江余姚周氏祖

馀姚周都宪祖地

并窝格 亦名水巧穴

众星伴月形，亥龙入首，文氏扦丙向，周氏扦巽向。中穴数家皆败。

地合此格。

馀姚周都宪祖地：左地在浙江余姚县，地名闻家堰。其龙甚美，将入首，起华盖三台，撒落平地。穿湖，湖中顿起太阴金星，而结并窝之格。四面皆湖水，汪洋巨浸。穴左突出石印浮水，甚为奇特。诸峰罗列，拱揖齐整。宋时姓闻者葬右穴，出状元、进士十数人，发越已过。今周氏葬左窝，葬后五十年，出科第十余人，至今富贵未艾。其地系泛水文星。若葬法深浅、分金合矩，则周氏宜出一甲之贵。

众星伴月形，亥龙入首。闻氏扦丙向，周氏扦巽向。中穴数家皆败。

论分钳之格

分钳图

此分钳者，即钳体中直钳之变格也。乃星辰开口结穴，而两钳分向左右，故曰分钳。要钳中藏聚，弦棱明白，登穴不见两边分飞之势。下有毡唇平坦，外护包裹，真气融结，方为合格。最忌穴中见其左右分飞，下无毡唇，外护不抱，穴下落槽，界水淋头，即非真结，不可下也。此格大要前铺余毡为吉。如吾邑孙氏下洋地，其格也。

孙知州祖地： 下图一在吾邑五都，土名下洋。其龙来远不详述。比入局，连耸数峰，磊磊落落。又顿四座贪狼，飞蛾降势，垂脉下平坡。复起金星开口，成分钳之格结穴。穴下平铺毡唇。钳中顶口分明，前有印星证应，流神环绕融注，明堂团聚，水口交固，龙旺穴暖，诚美地也。朝山双峰卓秀，以山脚飞扬之势，取作回子舞狮形。葬后出西溪公，官雅、郑、泰三州州守。春公富寿康宁，宗武、宗道俱岁荐，登郎官，至今人财两盛，福祉方隆。

汪婆墓： 下图二在徽州府黟县，地名黄坂垣。兑山发龙，转亥，脱落平洋，成分钳之穴，粘突就窝放棺，外沙包裹，前朝秀丽。葬后出侍郎，又州县官不替。土人呼为汪婆墓。

孙知州祖地

形回 分钳穴格
绣子
毯舞
案狮

来　田毯田

地名下洋

图一

汪婆墓

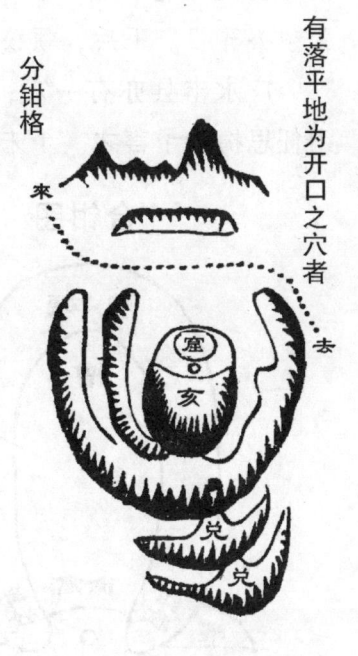

分钳格

有落平地为开口之穴者

来

室亥

兑兑

图二

论合钳之格

合钳图：下左图为合钳者，即钳格之变体也。气从两钳而合，故曰合钳。乃龙脉已尽，星辰已止，而总会处峻硬无穴，钳中又无微乳微窝，气融在下，两钳收处，中间合聚成穴，微有突泡，如钳之钳物，俗亦呼作双箭夹馒头之形。要毡唇圆整，曜气证应，星辰仰面，方为合格。最忌槽中太深，钳口不收，唇毡不明，曜星不照，有一于此，则非真结，不可下也。吴国师为吴园张氏下一地合此格，俗呼玉箸夹馒头形。

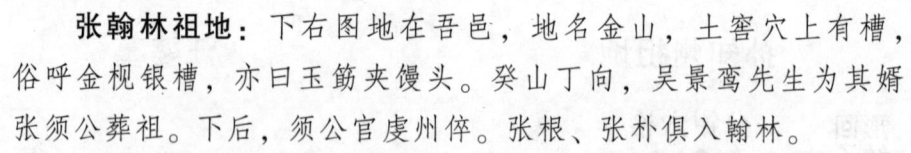

张翰林祖地：下右图地在吾邑，地名金山，土窖穴上有槽，俗呼金枧银槽，亦曰玉箸夹馒头。癸山丁向，吴景鸾先生为其婿张须公葬祖。下后，须公官虔州倅。张根、张朴俱入翰林。

广永丰县亦有一穴，与此同。俗云亦玉箸夹馒头形。友人铅山任思梅为予言之。予未见，不具图。

合钳图　　　　　张翰林祖地

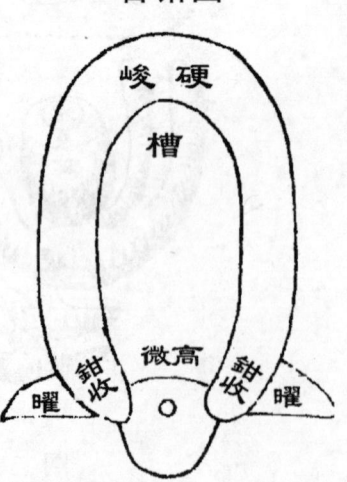

论闪乳之格

左闪乳者，乳从偏落，闪在一旁，故为之闪。如小儿闪躲之义，即乳体之变格也。龙势到此起顶，偏下作穴，而中出之乳粗硬斜曲，无穴可下，正气闪在一边，乃以中乳为龙虎护卫之沙，此穴极为难认。龙从左来，闪乳在右；龙从右来，闪乳在左。亦有龙脉中起均匀，两穴皆可下者。最宜乳头光彩，两掬有情，不粗不峻，方为合格。若粗饱峻急，瘦弱微小，则非真结，不可下也。董德彰为婺源倪氏下一地合此格。图具下。

婺源倪氏御史祖地： 右图倪氏地正穴，以左山包裹，面前尽遮，外洋山水，一切不见。局又逼窄，明堂朝山俱无。只是藏风聚气，穴场甚暖。所以葬下当代即出御史，骤发富贵。与廖金精下明溪许学士祖地当代出贵相同，皆是穴间紧固，一切不见。噫！此等地，非哲师明主，则弃物耳。

在婺源县大白巡司东一里，其龙迢迢而来，磊落奇特。将入首，穿峡开帐，星辰尊重。结穴藏聚，两畔护从重重。下关一山逆河缠绕，关收内

婺源倪氏祖地

堂，蔽障外旷。而随龙田水平坦，四势团集，融结固佳。而穴甚奇怪，董德彰初下中乳天空，以贪外秀。不利，复扦低穴就堂，又不利。倪氏欲迁别所。董师乃自讼曰：真龙毋虚生之理。有龙如此，岂可舍乎？

必我误也。乃私往其山，周围详审，因知结穴闪乳，前所下者皆非。盖中乳上既直硬，而下复弯曲顾内，故正脉钟于闪乳，而中乳乃其护砂。但闪乳之穴甚丑怪，而一臂左砂又尽障外秀，不见明堂朝对，如坐井面墙，非俗眼所知，直指必不我信。欲立名以敩之，未得其当。随入村庄，偶见机织，豁然有悟。遂唤美女掷梭之形，穴扦动乳。复报倪氏，果信之，遂扦葬焉。系亥、艮行龙，转折酉、辛、戌、干入首，扦辛山乙向。顶急乳小，用离杖下之。下后倪氏出进贤，登进士，官御史。曰以孚，曰鼎，登乡试。一时骤发。但御史为人，亦不甚正，亦闪斜之召耳。

补义按：是地也，先葬中乳总会，又葬中乳尽头。要知皆缘贪砂水、明堂、龙虎为误。复扦闪乳之上，始得其真。吁！以董公之明，尚至三扦而得正穴，况其他乎？可见砂水之诱人，虽明师所不免。有志者尚当参酌其可否，毋徒见一不利而即有所弃也。

论侧乳之格

侧乳图

此侧乳者，乳从侧落，偏于一畔而不正之谓也。边有边无，多作金钗、蟠龙及挂树蛇等形。要外山凑集，方为合格。贵溪夏阁老父地合此式。

贵溪夏阁老父地： 右为夏文愍公言父地。穴前一掬紧固，藏风聚气。但逼窄无明堂，不见外洋。当代出贵，与倪氏地同。

　　该地在贵溪县，土名流口，蟠龙形，乃侧乳穴也。其龙穴皆贵，但堂气逼窄。前山既近且高，不见外朝。桂翁晚年无子，自疑地理家有"一重案外见青天，后代少人烟"之说，乃徙迁之。开圹时，其下棺木如新，茜藤交结，气起如蒸。未几，公即遭祸。但此地葬时，公已贵矣。其祸福未必尽系于此。尝观其一祖坟，在上清宫，土名桂树洲者，甚美。拜相乃在于彼。是时亦大兴造筑，伤笺龙脉，填塞界水。又新塟一地，在上饶郑坊，穴前正见石人山，俨然一断头之像，皆能召祸。虽然，公端人也，以身殉国，乃其素志。随谗被戮，未必尽系于地。但揆之术家，祸福之验，似亦不诬。并录于此，似为轻举者之戒云。

贵溪夏阁老父地

论鹘突之格

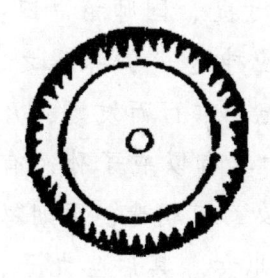

　　此鹘突者，模糊不明之谓也。穴星阔大，微有界水，粗看则无，细察则有，亦太极晕之类也，最为贵穴。吴景鸾下浮梁卢氏九瘿夫人祖地，及丰城杨尚书祖地合此。图具左。

浮梁卢氏九瘿夫人祖地：下图在浮梁县

东乡，吴国师景鸾下也。国师与李德鸿友善。凡其乡之山水，亦多指示。独此地为卢氏下。既下，谓李曰："昨为卢氏下一国后地。"李曰："何不指我？"国师曰："子美地已多，何其贪也？"李曰："公侯将相，何能敌国后之尊乎？"

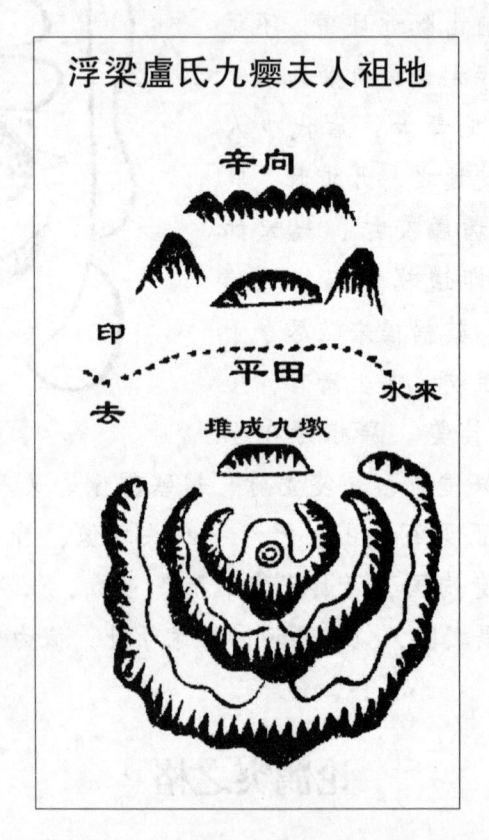

浮梁卢氏九瘿夫人祖地

辛向

印去　平田　水來

堆成九墩

国师曰："是不难，吾为子图之。"曰："令起而葬之乎？"曰："不然，令彼贵气归子家耳。但勿泄。"于是，国师诏卢曰："前所下地将军仗剑形，剑上宜堆九星，则其应神速。"卢果堆之。国师嘱李曰："子宜戒尔子孙，卢氏有女选妃，临行而发瘿，乃贵女也，宜娶之。他日产子，必贵。"李氏如其言以戒子孙，有"娶妇须娶卢氏女"之训。其后，卢氏果生一女，应朝选，至期忽发九瘿，不入选。李氏子孙如公所戒，果娶此女。其后生九子，皆贵显，俱腰金。至今浮梁相传为九瘿夫人云。

丰城杨尚书文恪公祖地

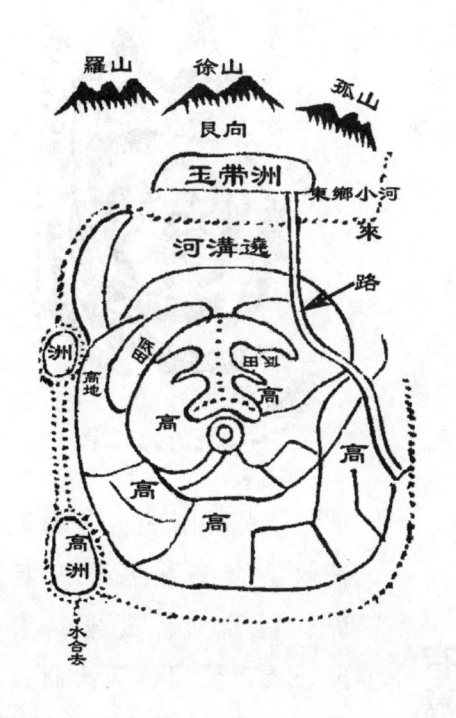

丰城杨尚书文恪公祖地： 左地在丰城县东南二十里，土名石滩，俗呼笑天龙形。其龙起自耸峰山作祖，撒落平洋，顺流逶迤而来。二十余里，隐隐隆隆，铺毡展席。将及结穴，翻身逆水张朝，大展平面飞蛾。角上出脉，穴临水际。登穴视之，似于散乱无情。细察其穴，略起微泡，左右依稀绕抱。当面石滩高田横拦，以为近案。案外徐山华盖远朝。面前东乡之水朝穴。下手铜钉口外有游鱼镇塞水口。山水大会，真贵地也。杨氏葬后，出月湖公廉，官至尚书，为国朝理学名臣，迄今子孙鼎盛未艾。

论并突之格

并突图

此并突者，两突相粘联起也，法当扦交界之间。盖以两突合气，融聚在中，故曰并。此穴极贵，惟大龙旺盛者方有此穴，至难体认，务须细辨，不可忽略。吴国师仲祥下吾邑董氏一地，两虎争肉形，合此式，图左。

董氏祖地：右地在吾邑八都，土名海口南五里。其龙甚旺，将入首，起太阴，落为平坡，复起太阴，两星相照，穴立平坡之中二突相并处。前朝贵人立马案。葬后出进士数十人，翰林、理学数人。盘涧先生铢、深山先生鼎，皆朱子门人，此地之钟也。

两面俱是太阴星夹穴，取两虎争肉形，穴居肉。

南昌刘氏祖地：左地在南昌白湖岭南。其龙分省龙之旺气，透漏而结穴者也。自鹤仙冈开金

董氏祖地

（两面俱是太阴星夹穴，取两虎争肉形穴居肉）

丙向　来
田地　稍低　稍低地

南昌刘氏祖地

亥龙丑山未向兼癸丁

有窝而不葬窝格

三台旨鹤图

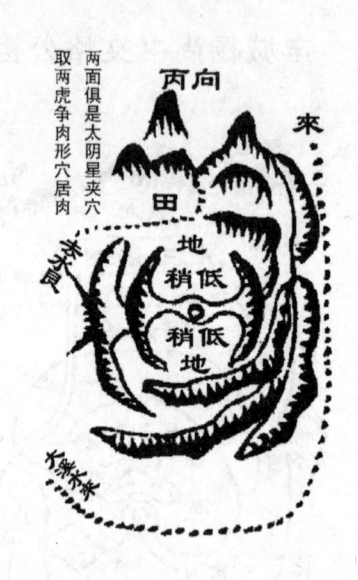

水帐，帐中抽出。至东城门渡峡，复到帐幕岭五星聚讲，横开仙桥大帐，中抽出。至西城门，又大断，起白湖冲天木星，清秀可爱。正脉渡江去结省城。此龙发自白湖侧面，成正体三台。中峰一线小脉抽下，复起太阳金星，老龙抽出嫩枝结穴。但正面夷坦，似窝非窝，乃是空窝，无气。穴闪一边，且落低平，结成下聚。昧者或病其龙短。不知此乃大干旺处，寸寸是玉。矧三台一节结穴，为至贵之

格。只是穴星有窝而不葬，极为难认。盖真气闪于左畔，略成微突，如老蚌吐珠，颖异非常。左右弯抱有情，面前河水缠绕，奇峰朝揖，真美地也。宣德九年刘氏葬后，人财大旺，科甲缠联。何野云钳记录于后。

按：宣德十年，岁在乙卯，予道经南昌之梓溪，因访刘氏季直，相见如故，朝夕不怠。与论阴阳地理之说曰："'卜其宅兆而安厝之'，此人子大事。矧自古以来，有国有家者，莫不择乎山川形势，以定阴阳二宅，为子孙久远之计。"季直唯唯。又旬余，告予曰："某旧冬葬先室于白湖岭，愿师一鉴之。"予诺之。遂往观之。见其地诚为千载松楸之所也，因留钳为后验云。钳曰：湖峰美地穴难扦，左畔仙宫汝占先。二十四神皆揖拱，三十八将尽朝元。捣药杵声犹未息，此龙杖住老龙眠。丑山未向坤申水，子息金阶玉殿宣。先出文林并奉议，南乡北保置庄田。税钱三万七千贯，金玉盈箱不计年。三代神童如及第，生成铁树亦生烟。若问人丁多少数？芝麻一石数当添。兄弟四房俱发福，烧些钱帛玉炉边。

石首王翰林祖地图：下图一在华容县东八十里，土名七峰山。其龙来脉甚远，不详述。比入局，开大帐，顿跌数峰，磊磊落落，龙势雄昂，气甚旺盛。却入首一节，抽出平缓，为芦鞭贵格结穴。穴开钳口，钳中陡峻，不能融结。乃就脉弃钳而点盖穴，沙水亦皆应副。此缓来急受，故不葬钳而挈高取穴，亦以避其钳中之峻耳。与铅山费状元乌石山祖地颇相似，乃江右雷氏所卜。嘉靖己丑年葬，癸巳年生乔桂公，登戊辰进士，官翰林吉士，今福祉未艾。

余氏眠犬形：下图二在吾邑治南五里，土名长塘。其龙来远不述其龙法背面下。入首工字龙格，霞帔度脉。起土星挂角穴，乃脉从左来，穴以右受，有垂珠倒气，成太阳头脑，开口脑下，合土星角穴正格。故不取乳，以中乳直硬不受穴，挂角聚气藏风，后有鬼星，前有毡褥，左右夹照，弦棱明白，证得穴真。俗呼眠

人子须知（上）

石首王翰林祖地图

有钳而不葬钳格

图一

余氏眠犬形

有乳而不葬乳

图二

永康徐侍郎祖地

有突不葬突格

犬形，怀中气动穴。葬后出肯由公钩，登嘉靖丙戌进士，官衢州府太守，人丁大旺，巨富，税银千石，应例登仕籍衣冠数十人，福祉方隆。

永康徐侍郎祖地：右地在永康县西五里。其龙与邑龙数十里外分脉，逆溪水上奔。复盘转入局，逆田源朝北结穴。穴形奇怪有突。有突而不葬于突，不串龙势，不对明堂、龙虎，俗眼即为死气之处。左砂硬奔，拦在面前，明堂倾斜。殊不知十里田源暗朝，绕过明堂而缠玄武，大溪水交会，真龙尽气钟之吉也。先一家葬，退败迁去。明师刘永太复为徐氏指葬旧所。徐氏曰："彼既不吉，何为葬旧穴？"刘曰："浅深不同，乘气有异。且此地本主先凶后吉。今彼既已退败一代，而君葬则凶气已去，吉气将来。"徐如其言，葬之，果出侍郎。又科第数人，富贵未艾。今太守公师夔、师皋诸贵，皆出此地。

刘永太课云：一代伶俜二代贫，三代颇有读书生，四代为官常近帝，五代六代榜联登。巳山亥向。

地理人子须知卷十三

江右德行山人 徐善继 徐善述 同著

此一卷专论穴星。凡点穴，须审入首之山成某星体。星体明白，方是真气融结。若入首之山不成星体，即是真气不融。杨筠松云："观星裁穴始为真，不论星辰是虚诞。"但诸家星体，立法殊途，故美恶吉凶，纷纭不一。议者或为五星为正，九星为变。殊不知五星即五行也。五行之变，不可胜形。朱子谓"五行之变，至于不可穷尽。"然则九星又安能尽其变哉！惟其融结成穴，虽有正变不同，而其形体未尝离于五星。是五星诚守约赅博，一定不易之理。又何泥夫诸家巧立异名之谬哉！谨以张子微五星，参酌廖金精模范，定为穴星三格。端正者曰正体，偏斜者曰侧脑，倒地者曰平面。而各贯以窝、钳、乳、突四象，庶几星形明白，免于眩惑，而易简之理得矣。

穴星三大格

一曰正体。夫所谓正体者，以其星辰头面端正，而规模尊重

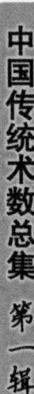

也。凡正体穴星，钟五行之正气，融星象之正形，故其结作，若星体清秀，龙合上格，主极品之贵。星体庞浊，龙非正格，亦主小贵巨富。

二曰侧脑。夫所谓侧脑者，以其星辰头脑偏斜，而形体敧侧也。凡侧脑穴星，头颅虽有不同，融结本无异别。但其闪巧奇藏，故必以乐托为准。若星体清秀，龙合上格，主贵，有威权。若星体庞浊，龙无正格，主悭吝、诡诈、殷富。

三曰平面。夫所谓平面者，以其星辰倒地，而形体平夷也。凡平面穴星，高低虽有不同，力量本无二致。若星体清秀，龙合上格，主富贵绵延。若星体庞浊，龙格不明，亦主富厚。

穴星三格辨

或问：诸家穴法，莫详于《泄天机》。其例以九星各九变，曰正体、开口、悬乳、弓脚、双臂、单股、侧脑、没骨、平面，皆可以下穴。今何止取正体、侧脑、平面三者，而称穴星三大格？又不即以为穴，且去其六格者，不与同列，何也？答曰：《泄天机》穴法固极精美。但拘于九变，而穴星与穴形二者混立<small>穴星者，太阳、太阴、金水、天财、紫气、燥火、扫荡、孤曜、天罡九星也。</small>穴形者，窝、钳、乳、突之形也。如曰正体，乃穴星之端正者也。曰侧脑，乃穴星之偏侧者也没骨即侧脑之变。曰平面，乃穴星之倒于平地者也。兹三者，乃穴之星辰有此三格，而未可便以为穴。必须于此穴星之间，又各有窝、钳、乳、突之形，方是有穴。若无此形，而遂于正体、侧脑、平面之上扦葬，则弥漫无下手处。惟金星一格，有顽金开窝之法，亦须微有窝坦则可。若浑顽饱面强凿之，凶祸立至，岂可直以正体、侧脑、平面为穴哉！其曰开口，即窝形之穴；曰悬乳，即乳形之穴；曰弓脚、双臂、单股，即钳形之窝。兹五者乃穴形之格，而不可与穴星之格并列者也。若一例立之，则穴形之格混于穴星矣。今故特以正体、侧脑、平面三者，列为穴星三大格，而各贯以窝、钳、乳、突之形，则廖金精之九变，固以包括于其内，而有星无穴之弊，庶几可免也夫。

穴星诸形

金星形圆，有二体：上下俱圆者曰太阳金，上圆带方者曰太阴金，俱有正体、侧脑、平面三格。

正体金星，形圆而端正者也，穴结于中；
侧脑金星，形圆而身侧者也，穴结于旁；
平面金星，面仰而身圆者也，穴结于顶。

木星形直

正体木星，头圆身耸而端正者是也，穴结于中；
侧脑木星，头圆身耸而欹侧者是也，穴结于旁；
平面木星，面仰而身平长硬者是也，穴结节苞。

水星形曲

正体水星，头圆身曲而端正者是也，穴结于中；
侧脑水星，头圆身曲而欹斜者是也，穴结于旁；
平面水星，面仰身曲而倒地者是也，穴结于顶。
火星形尖，故不结穴。

土星形方

正体土星，头方身平而端正者是也，穴结于中；
侧脑土星，头方身平而欹侧者是也，穴结于旁；
凹脑土星，头方而中凹身平者是也，穴结凹下；
平面土星，面仰而身方倒地者是也，穴结于顶。

火星不结穴辨

或问：五星皆有生物之理，而火星独不结穴，何也？曰：火性至燥，金入之而镕，木入之而焚，水入之而涸，土入之而焦。故火星不能结穴，惟作穴之曜气，及龙祖、前沙则美。郭璞《葬经》言："乘金相水，穴土印木。"而不及火。吴草庐、蔡牧堂、洪天与诸公释之，皆谓火不结穴，故不言火也。然火既为穴曜、龙祖及前沙，固已见生物之妙，又何拘于结穴而始谓之生物哉！且予兄弟历观四方名墓，金、土二穴最多，木次之，水又次之，而火星之穴，未见其一。

惟浮梁县景德镇阳基是落地火星，入首、落脉，穿田发五枝，为五火落地，而四面皆水。水以济火，故亦有融结。然其为陶冶之场，数十里间，烟焰烛天，昼夜不息，此固火星之应矣。而人多刚燥，俗尚繁华，易于兴替，且不免回禄时发之灾。此又火星之病也。夫以火得水济，其结作且不能全美如此，况纯火之穴岂可用乎？

或曰：火星至燥而不结穴，已闻命矣。水星至柔，而能结穴，何也？曰：纯水亦不能融结，须兼于金，金水相溶，方有结作。故廖金精以金水名之。曰：廖金精既以金水名矣，而今止曰水星穴者，何也？曰：金星已有定穴，此特水星兼金，盖以水为主，故专名也。或又问曰：廖金精九星之中，有金水，今专以水星名穴，固所以破九星之谬矣。而金星穴中，复以太阳、太阴名之，何也？曰：金星有高低二体，而太阳、太阴各称其形。且五星七政，理之切实，非若巨、武、破、廉、天罡、孤曜诸说之不经，能眩惑于人者，从之可也。兹盖惟理是适，初非有意立异，而故訾九星云耳。

金星穴

金体必圆。其上下皆圆而身高者，曰太阳金。上圆带方而身低者，曰太阴金，各有正体、侧脑、平面三格。三格又各有窝、钳、乳、突之形，方为真结。

其有顽金打开水窝裁者，亦必开面，微有窝坦。若是顽硬粗饱，即是生气不融，不可勉强镌凿，以乱下凶恶之地。《泄天机》穴法，诸正体穴正坐此弊，不可惧用，学者审之。

正体金星穴格

类别	窝穴	钳穴	乳穴	突穴
太阳金				
太阴金				

上正体金星穴，各有坐、眠、立三势，大小、高低、肥瘦六格，俯仰二体，及窝穴有深、浅、阔、狭，钳穴有长短、双单、曲直，乳穴有大小、长短，突穴有大小、双三等格。其乳、突二穴之下，又有出金、出木、出水、出火、出土各五格。而窝、钳

二穴之左右两臂，又有转金、转木、转水、转火、转土，及一脚转金，一脚转水、木、火、土者；一脚转水，一脚转金、木、火、土者；一脚转木，一脚转金、水、火、土者；一脚转火，一脚转金、木、水、土者；一脚转土，一脚转金、木、水、火者。各二十体，为变格也。诸体又各有带曜者，图繁，俱不详载。以下侧脑、平面穴格皆仿此论，不复重述。

夫正体金星之穴，星辰尊重，造化完全，故为最贵。但窝穴要窝中圆净，弦棱明白。钳穴要钳中藏聚，凹间弯环。乳穴要圈中舒畅，乳上光圆。突穴要突面光圆，形体颖异，此为穴形入相。又须证佐明白，流神合法，方为真结。必须仔细检点，不可忽也。

侧脑金星穴格

类别	窝穴	钳穴	乳穴	突穴
太阳金				
太阴金				

上为侧脑金星穴诸格，左右图同，不必重载。又有双侧脑者，见下：

双侧脑担凹穴		双侧脑扳鞍穴	
	头高头低而中凹结穴者曰扳鞍穴。双脑同高而中凹结穴者，曰担凹穴。		凹间弯者曰双金扛水，平者曰双金扛土，各有窝、钳、乳、突四格，图繁不载。

人子须知(上)

夫侧脑金星之穴，星体偏斜，势趋一畔，穴不枕脑，借乐安扦乳、突二穴，无乐亦可。形体虽偏，力量无异。但窝穴要窝中圆净，弦棱分明。钳穴要钳中藏聚，两掬弯环。乳穴要乳上光圆，圈中舒畅。突穴要突面光圆，形体颖异，此为穴形入相。又须证佐分明，流神合法，方为真结。必须仔细检点，不可忽也。

平面金星穴格

类别	窝穴	钳穴	乳穴	突穴
太阳金				
太阴金				

夫平面金星之穴，或出高山，或出平地，而平地为多，至难辨认。盖高山有似龙格，平地有似罗星。但龙格未住，罗星孤寒，此为异耳。平地高山，各有四格，窝、钳、乳、突是也。但窝穴要窝内圆净，弦棱明白，穴宜揭高就脉。钳穴要钳中藏聚，两畔均匀，穴宜凑球避檐。乳穴要乳上光圆，左右曲抱，穴宜蘸球就脉。突穴要突面光圆，形体颖异，穴宜当突就脉。廖金精云："凡平面星辰，灵光自出于顶中，生气聚浮于面上。"故此穴最吉，力量极大，必须龙脉真奇，证佐分晓，流神合法，方为真穴。务宜仔细检点，不可忽也。

已上金星诸穴，坐向得申、庚、酉、辛、干、坤、艮，皆为得地，气旺形应。安扦合法，主生人相貌洁白，心性明达。庚、申、辛、酉金水生人受荫，巳、酉、丑年福应。若星辰清秀，龙合上格者，主翰苑清贵，位极人臣。合中格者，主职兼文武，出典大藩。合下格者，贵为牧守。全无贵格，亦主聪明才辩之士，名誉远扬。若星体庞浊，则主武贵，及巨富豪爽，武霸乡曲，刚直果断，人咸畏服。及清高之士，自重自尊，不于宠荣，高尚其志。初生肥白声朗之人，气至而盛。至生瘖哑之人，则气尽而衰矣。

木星穴

木体必直，其末必圆。凡穴星上尖而圆，身直而耸者是也。端正者曰正体，欹侧者曰侧脑，倒地者曰平面。各有窝、钳、乳、突之形，方为真结。

正体木星穴格

窝穴	钳穴	乳穴	突穴

正体木星穴诸格，各有坐、眠、立三势，大小、高低、肥瘦六格，俯仰二体，及窝穴有深、浅、阔、狭，钳穴有长短、双单、曲直，乳穴有大小、长短，突穴有大小、双三等格。其乳、突二穴之下，又有出金、出木、出水、出火、出土各五格。而窝、钳二穴之左右两臂，又有转金、转木、转水、转火、转土，及一脚转金，一脚转水、木、火、土者；一脚转水、一脚转金、木、火、土者；一脚转木，一脚转金、水、火、土者；一脚转火，一脚转金、木、水、土者；一脚转土，一脚转金、木、水、火者。各二十体，为变格也。诸体又各有带曜者，图繁，俱不详载。以下侧脑、平面穴格皆仿此论，不复重述。

夫正体木星之穴，星辰尊重，造化完全，故为最贵。但窝穴要窝中圆净，弦棱明白。钳穴要钳中藏聚，两掬弯环。乳穴要圈中舒畅，乳上光圆。突穴要突面光圆，形体颖异。此为穴形入相。又须证佐明白，流神合法，方为真结。必须仔细检点，不可忽也。

侧脑木星穴格

窝穴	钳穴	乳穴	突穴

夫侧脑木星之穴，星体偏斜，势趋一畔，穴不枕脑，借乐安扦乳、突二穴，毋乐亦可。形体虽偏，力量极大。但窝穴要窝中圆净，弦棱分明。钳穴要钳中藏聚，两掬弯环。乳穴要乳上光圆，圈中舒畅。突穴要突面光圆，形体颖异。此为穴形入相。又须证佐分明，流神合法，方为真结。必须仔细检点，不可忽也。

平面木星穴格

此星身长而直，面平而低，故名曰平面木星。有三体。其木直来，有如卜字者，有如下字者，凡直体皆是也。不可当头下穴，为犯闯脉煞。吴景鸾《口诀》云："木星忌下当头穴，斗煞人丁绝。或粘或倚穴为奇，闪脱要君知。"故凡直木，须寻粘穴以脱煞，或倚穴以闪煞。粘有唇毡，倚有节苞。此要诀也。其脉横来，有如工字者，土字、上字者，凡横体皆是也。不可当腰下穴，为犯斩脉煞。吴景鸾《口诀》云："倒地木星长百丈，不论横直皆可塟。直寻粘倚莫当头，横要中间苞节旺。"盖横木犹难下穴，要突、窝、钳口为凭，此要诀也。直木、横木二者为正格。又有其脉曲来如曲尺者，如之玄字者，于曲动处寻穴，此乃变格也。曰直、曰横、曰曲三格，皆须要立穴处有窝、钳、乳、突，萌蘖节苞，方为真的。直脉宜审后龙来处，分左右寻萌蘖，立倚穴。粗大则可寻粘穴。横脉宜审龙来，左右中节，寻萌蘖，立撞穴。体亦难拘，但横直不乱者便是。皆要脊上平正，两弦起棱。亦须稍阔大，不可狭小如带，亦不可懒坦无休。懒坦则真气不聚，狭小亦真气已绝，皆不可不察。

类别	直木	横木	曲木
窝穴			
钳穴			
乳穴			
突穴			

夫平面木星之穴，惟平处有之。真龙起伏多者，方结此穴，力量极大。廖金精云："凡平面星辰，灵光凝聚于坦夷，生气流行于低下，精神收敛，造化完全，此所谓之吉穴是也。必须龙脉真奇，证佐分晓，流神合法，方为真结。务宜仔细检点，不可忽也。"

已上木星诸穴，坐向得寅、甲、卯、乙、巽，皆为气旺而形应。若安扦合法，主生人相貌清秀，心性坦夷，行事远大。甲、乙、寅、卯、丙、丁、巳、午木火生人受荫，亥卯未年发达。若穴星清秀，龙合上格，主状元及第，官至极品；合中格，应举登第，官至方面；合下格者，官至宰邑；全无贵格，亦主明经秀士，大有文名。若星辰庞浊，龙无正格，亦主富而好礼，身膺五福，子孙蕃衍。初生清秀身长之人，则气至而盛；至生黄瘦矮小之人，则气尽而衰矣。

水星穴

水性本动，其质柔弱，赖金以成。必兼金方能结穴。金圆水曲，凡穴星头圆而身曲者是也。有三大格：端正者曰正体，欹斜者曰侧脑，倒地者曰平面。各有窝、钳、乳、突之形，方为真结。

正体水星穴格

窝穴	钳穴	乳穴	突穴

上正体水星诸穴格，各有坐、眠、立三势，大小、高低、肥瘦六格，俯仰二体，及窝穴有深、浅、阔、狭，钳穴有长短、双单、曲直，乳穴有大小、长短，突穴有大小、双三等格。其乳、突二穴之下，又有出金、出木、出水、出火、出土各五格。而窝、钳二穴之左右两臂，又有转金、转木、转水、转火、转土，及一脚转金，一脚转水、木、火、土者；一脚转木，一脚转金、水、火、土者；一脚转水，一脚转金、木、火、土者。一脚转火，一脚转金、木、水、土者；一脚转土，一脚转金、木、水、火者，各二十体，为变格也。诸体又各有带曜者，图繁，俱不详载。以

下诸穴格皆仿此论，不复重述。

夫正体水星之穴，星辰尊重，造化完全，故为最贵。但窝穴要窝中圆净，弦棱明白；钳穴要钳中藏聚，两掬弯环；乳穴要圈中舒畅，乳小光圆；突穴要突面光圆，形体颖异。此为穴形入相。又须证佐明白，流神合法，方为真结。必须仔细检点，不可忽也。

侧脑水星穴格

窝穴	钳穴	乳穴	突穴

上侧脑水星穴诸格，左右同，图繁不载。

夫侧脑水星之穴，星体偏斜，势趋一畔，穴不枕脑，借乐安扦。形体虽偏，力量无异。但窝穴要窝中圆净，弦棱分明；钳穴要钳中藏聚，两掬弯环；乳穴要乳上光圆，圈中舒畅；突穴要突面光圆，形体颖异。此为穴形入相。又须证佐分明，流神合法，方为真结。必须仔细检点，不可忽也。

平面水星穴格

窝穴	钳穴	乳穴	突穴

此星脑圆而曲，面平而低，故名曰平面水星，即廖金精平面

金水穴格也。其体不一，或如荷叶，如荷花，如葵花，如梅花者，为正格。如绦环，如梭子，如龟，如鱼者，变格也。但要圆曲分明，初无定体。高山少见，多在平洋，有似罗星，务宜细辨。罗星孤虚无龙，此体左右必有应、从、照、乐、缠护、拱揖，自是不同。或结穴于中，或结穴于侧，须寻开口，为窝，为钳，为乳、为突，四象立穴，不可有误。若毋四象，便是无穴假埠、水口。《罗星赋》云："水星多在平地，妙处难言。"诚以水曰润下，故平地多有水星平面之穴，亦天造地设，自然之理也。

夫平面水星之穴，惟平处有之。真龙起伏多者，方结此穴，力量极大。廖金精云："凡平面星辰，灵光出自顶中，生气聚浮面上，精神收敛，造化完全，所以谓之吉穴是也。"但要形势、来脉分明，水法、堂局周美，宾主有情，左右无缺，穴形入相，证佐分明，方是真结。切忌胎息孤寒，流神反背。孤寒则人丁衰替，反背则家业消亡。务须仔细检点，不可忽也。

已上水星诸穴，坐向得亥、壬、子、癸，皆谓得地，气旺形应。若安扦合法，主生人相貌清洁，心性疏通，行事活泼。亥、子、壬、癸金水命人受荫。申子辰年发达。若穴星清俊，龙合上格者，主状元、宰相、尚书、九卿；合中格者，方面重臣；合下格者，州郡之职；全无贵格，亦主因女得贵。若穴星庞浊，主中富多浮财。初生清俊之人，气至而旺。至出游荡之人，则气尽而衰矣。

土星穴

土星厚重，其形端正。凡穴星头方正而身平者是也。有四大格。其端正者曰正体，偏斜者曰侧脑，头方而中凹者曰凹脑，倒地者曰平面。各有窝、钳、乳、突之形，方为真结，详具下文。

正体土星穴格

类别	窝穴	钳穴	乳穴	突穴
中穴				
角穴				

上正体土星穴诸格，各有坐、眠、立三势，大小、高低、肥瘦六格，俯、仰二体，及窝穴有深、浅、阔、狭，钳穴有长短、双单、曲直，乳穴有大小、长短，突穴有大小、双三等格。其乳、突二穴之下，又有出金、出木、出水、出火、出土各五格。而窝、钳二穴之左右两臂，又有转金、转木、转水、转火、转土，及一脚转金，一脚转水、木、火、土者；一脚转木，一脚转金、水、火、土者；一脚转水，一脚转金、木、火、土者；一脚转火，一脚转金、木、水、土者；一脚转土，一脚转金、木、水、火者，各二十体，为变格也。诸体又各有带曜者，图繁不载。以下诸格仿此。

夫正体土星之穴，星辰尊重，造化完全，故为最贵。但窝穴要窝中圆净，弦棱明白；钳穴要钳中藏聚，两掬弯环；乳穴要圈中舒畅，乳上光圆；突穴要突面光圆，形体颖异。此为穴形入相。又须证佐明白，流神合法，方为真结。必须仔细检点，不可忽也。

侧脑土星穴格

窝穴	钳穴	乳穴	突穴

上侧脑土星，左右皆同，图繁不载。

夫侧脑土星之穴，星体偏斜，势趋一畔，穴不枕脑，借乐安扦乳、突二穴无乐亦可。形体虽偏，力量无异。但窝穴要窝中圆净，弦棱分明；钳穴要钳中藏聚，两掬弯环；乳穴要乳上光圆，圈中舒畅；突穴要突面光圆，形体颖异。此为穴形入相。又须证佐分明，流神合法，方为真结。必须仔细检点，不可忽也。

凹脑土星穴格

窝穴	钳穴	乳穴	突穴

此星脑凹，身方面平，故名曰凹脑土星。有乐为真，最忌腰长。腰长则为土星见水，主出黄肿。此穴多是横龙入首，故必要后乐。如无乐星，要有孝顺鬼及包裹重叠亦可。乳、突之穴，亦不拘乐。窝、钳二穴，穴多搭脊，亦谓之没骨，必要有乐为真。亦有撞背结穴者，无乐亦可。横脉结穴，气蹙于前，宜后宫仰瓦。若仰瓦内又出一乳，则非真结。或仰瓦而后宫无乐星，又无包裹，

亦非真结，皆不可下。此穴结作若真，力量极大。

夫凹脑土星之穴，中低旁高，坐下凹软，故又谓之没骨星辰。有凹为准，形体怪奇，颇难察识。多有花假，不可不辨。若融结真实，最为极贵。廖金精谓之"天财凹脑，最旺蚕丝、禾谷、金银，大利商贾。"盖指谓富星矣。若星体浊者，其言固当。如或穴星清秀，龙格奇特，又主王侯极品之贵。予兄弟游览名墓，凡出爵位之高者，莫不皆是土星结穴。但窝穴要窝中圆净，弦棱明白；钳穴要钳中藏聚，两掬弯环；乳穴要圈中舒畅，乳上光圆；突穴要突面光圆，形体颖异。此为穴形入相。又须证佐明白，流神合法，方为真结。务须仔细检点，不可忽也。

平面土星穴格

类别	窝穴	钳穴	乳穴	突穴
方形				
棱形				

此星方平，出于平地，故名曰平面土星。廖金精谓之平面天财。凡曰棋盘、土方、胜土、柿蒂、土玉、茧土、铺裀土、玉琴土，皆其略名也。

夫平面土星之穴，惟平处有之。真龙起伏多者，方结此穴，力量极大。廖金精云"凡平面星辰，灵光凝聚于坦夷，生气流行于低下，精神收敛，造化完全，故此为吉"是也。但窝穴要窝中圆净，弦棱分明；钳穴要钳中藏聚，两掬弯环；乳穴要圈中舒畅，界水分明；突穴要突面光圆，形体颖异。此为穴形入相。又须龙脉真奇，证佐分晓，流神合法，方为真结。务须仔细检点，不可忽也。

已以土星诸穴，坐向得丑、艮、未、坤、巳、午，皆为气旺形应。若安扦合法，生人相貌肥厚，度量宽洪，行事朴实。戊、己、辰、戌、丑、未金土命人受荫，申子辰年发达。若穴星清秀，后龙合上格者，官至王侯、宰辅，裂土分茅；合中格者，官至司农，方面巨万之富；合下格者，官至盐运、工、户司财之职；全无贵格，亦主纳粟奏名，及仓库杂职之官。若穴星庞厚，主巨万之富，冠于州邑，厚福高寿。初生肥矮胖大之人，气至而盛；至生黄肿之人，则气尽而衰矣。

上金、木、水、土诸星结穴，必须皆有窝、钳、乳、突之形，方是有穴，真气融结。若徒有星像，而无窝、钳、乳、突之形，即是无穴，真气不结。盖穴法推其极致，星亦为轻。何也？山固有周正光彩，成好星辰而不结地者。予兄弟历览四方名墓，凡怪穴地，多是穴形合法，只丑不成星，而人遂以为怪。此可见星之轻耳。然舍星则又不可，故必以形与星合为准焉。且《葬书》凡形字，多是指穴。如曰"千尺为势"，言龙来之远也。"百尺为形"，言穴止之近也。又云"形与势顺，是谓全气"言龙、穴皆吉也。"形与势逆，是谓乖气"言龙、穴互有吉凶也。"势吉形吉，是谓重吉"龙、穴皆吉则全气也。"势凶形凶，是谓重凶"龙、穴皆凶，故曰重凶。"势凶形吉，百福希一"言龙凶穴吉，百福犹能希一。"势吉形凶，祸不旋日"言龙吉穴凶，凶祸立至。此形、势二字，即龙、穴二字也。审此数语，可知地理之法虽重于龙，尤重于穴。穴若有差，龙吉何益？故曰"望势寻龙易，登山点穴难。若还差一指，如隔万重山。"甚哉有味乎，其言之也！

地理人子须知卷十四

江右德行山人 徐善继 徐善述 同著

　　此一卷专论穴证。盖真龙结穴，必有证佐。证佐明白，穴才真矣。所谓证佐者，求之于前则朝案美，明堂正，水势聚；求之于后则乐山峙，鬼星撑；求之于左右，则龙虎有情，缠护俱夹；求之穴下，则唇毡正；求之四方，则十道全；求之界水，则分合明白。此数者，穴之证佐也。故点穴之法，必以此数者为标准。于此而精察之，宁有不得其要领者乎？

论朝山证穴

　　《撼龙经》云："真龙藏幸穴难寻，惟有朝山识幸心。朝若高时高处下，朝若低时低处针。"《指南》云："古人一语值千金，高欲齐眉低应心。"《圆机歌》云："秀应在左穴居左，秀应在右用右奇。"是皆朝山定穴之法也。故朝山高，穴宜高；朝山低，穴宜低。朝山近，恐凌压，穴必上聚，宜寻天穴；朝山远，则气易散，穴必融结于低处，或就堂气，或就下砂，宜寻地穴。秀应之沙在左，则穴宜向左；秀应之山在右，则穴宜向右。此其梗概也。

然又有远近不同。其外洋远朝之山虽秀丽，只要面前有，不必拘于登对。登对合法，固是全美。或徒贪外洋远秀，而失坐下穴场气脉，则尤不可。故朝山证穴之法，必以近案有情为主，其外洋远应之峰，虽不甚登对，亦不为碍。大抵天造地设，必是近案有情。所谓有情者，求之水城必美，求之向家必利，求之后乐必对，求之四围必无缺陷。若徒贪外洋，则近身必有不合不利之处。蔡氏云："秀峰当面，固是嘉美。必不得已，当以近案为据，不可取外洋而弃近案也。"卜氏云："外洋千重，不若就身一案。"又云："欲求真的，远朝不如近朝。"又云："多是贪远尖而嫌近小，谁知就近是而贪远非。"

《龙髓经》云："譬如尊贵之人，必据案区取事宜。设或有贵人朝谒，曹属禀承，必不敢当面相敌。"谓尊不敢对，此亦一说耳。然不必泥，必是远近相符为善。偶有不符者，又当活法裁处。大抵明堂案对，亦门户外事，当内以穴中葬法、乘气为主，外立门向，以纳堂案之秀。所谓"内藏黄金斗，外掩时师口。四势任君谈，五行当自守。"如浮梁李八公寿域，是其证也。

附元余宗益氏述李八公事实

浮梁界田李八公德鸿，与乐平洪士良、舒南二长老同受业于吾邑国师吴景鸾仲祥。八公择地葬亲，及营寿域，皆所自卜。予于癸未岁至其里，宿其裔平甫家，历观其寿藏，在东乡地名，真武仗剑形，剑坝穴。亥山一脉直垂而下。扦二穴，相隔五尺，同向丙。一穴偏左，而案与明堂皆不正；一穴居中，而朝案明堂皆端正。水居庚兑。田心二墩，一方一圆，为金箱玉印。询其所由，系觅里中人地。里人阻之。公曰："山有两穴，吾出赀营造，任尔拣一穴，吾取一穴为寿域。"里人择明堂案山端正者。是不明受脉乘气为急务，而徒以堂局案对所眩耳。咫尺之间，侯虏有间。李氏享数百年富贵，里人泯没无闻。穴法乘气之妙，神乎！神乎！

至人夺神功,改天命,其机在此矣。至正壬辰,银邑余宗益谨述。

浮梁李八公自卜寿藏:下地在浮梁东乡,其龙来远不详述。入局开帐过峡,顿跌数节,起高金。复断,再起金水星,落平坡结穴。穴前吐出长舌,剪木锹皮取倚穴,呼作真武伏剑形,剑欛穴。明堂、前案、下关俱有情,水口金箱玉印交固。亥龙入首,扦丙向。葬后李氏出四神童、三学士、侯二、侍郎五、开国食邑者一,科第数十人,封荫应例登仕版者百余人。自宋迄今,世宦未艾。又廖金精为乐邑刘坊刘氏卜军山王字龙格,将军大坐形,刘氏贪朝山,失葬法,变吉为凶。

真武伏剑形
剑上七星穴

浮梁李八公自卜寿藏

係亥龙右脉放首,扦丙向。辛亥正气在左,故穴宜挨左。其右穴则受乾气,故不吉。

刘汉四祖地:下地在乐平县,土名军山。其龙来脉甚远,入局自平田旷野中崛起,高山绵亘,雄冠一方。横展大帐数十里,正脉穿心,自帐中抽出。复顿跌踊跃数节,变为平冈。摆折又数里,成王字龙格。入首顿起高金结穴,穴星尊重。中垂一乳,旁开两肩，为将军大座形。龙虎有情，明堂融聚。前案端肃如幞头，外洋罗列，旗鼓、剑印咸备。庚脉入首，作卯向，本武贵吉地。初是廖金精所卜。既定穴，刘氏遂自葬之，不合深浅、饶减、乘气出煞、消纳控制之宜。金精叹曰："合法出王侯，不合法出贼头。"因题于吴园曰："军山帐中王字脉，武公大座势尊雄。我做定产王侯扶圣主，他做草寇强梁不善终。"后果出汉四兄弟八人，雄霸一方，事伪汉陈友谅，授伪万户侯职，而不克令终矣。今刘氏之盛者，非此派也。

刘汉四祖地

盖天旗　军山　将军大座形

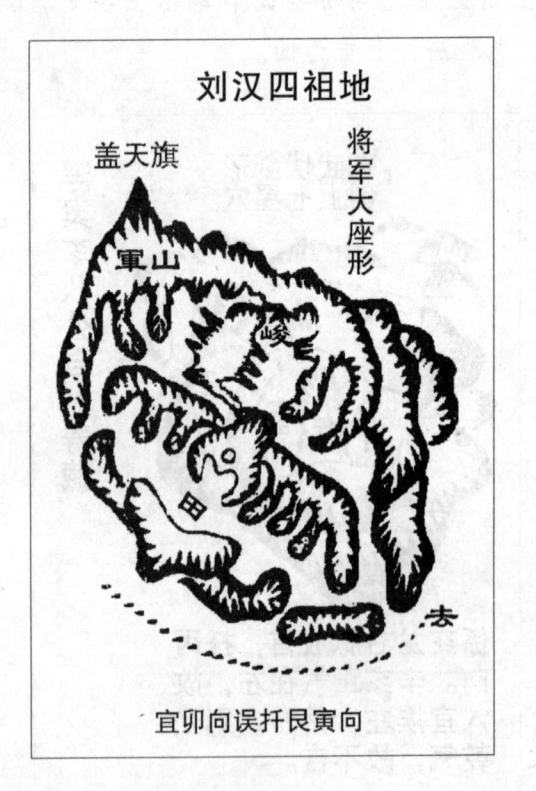

宜卯向误扦艮寅向

按：是地也，龙真穴真，而葬乖于法，变吉为凶，侯虏有间如此，可不慎哉！《葬经》云："穴吉葬凶，与弃尸同。"杨筠松谓"地吉葬凶祸先发，名曰弃尸福不来。"卜氏谓："地虽吉而葬多凶，终无一发。"诸公之言，信不我欺矣！

乡传金精为刘氏卜将军大座形，幞头案。庚脉扦卯向，幞头山不正。刘氏爱其端正，遂扞辰向兼乙，不用金精言，并其浅深、分控、葬法胥失。金精叹曰："我做出将军，他做出贼头。"后果如其言。

又有特拜之朝，开面秀媚，真作证应看。如乐平戴家秦广一公地，其格也。

戴广一公地：下地在乐平十六都，土名汪坑口。其龙来脉甚远。入局为平岗。忽磊落数节，龙势大旺。转身逆盘结穴。后托低远。只是当面两水夹送一山，顿起圆整，开面秀媚，拜伏尊重，有情可爱，证得穴真。穴下平坦，明堂融聚，水口交固，亦自相应。初，魏克政乐邑名师为广一公卜以塋子。既葬，课云："三朝小凶，一七大凶。凶过而发福攸远，富至万石。"果三朝而虎伤一马，一七而公病。公遂命起其子而另葬，以此地为己塋。未几，公卒，遂葬之。葬后人丁大旺，巨富冠乡，积谷数万石。旧有偈云："獭赶鲤鱼走，走到汪坑口。有人葬得着，量金须用斗。"

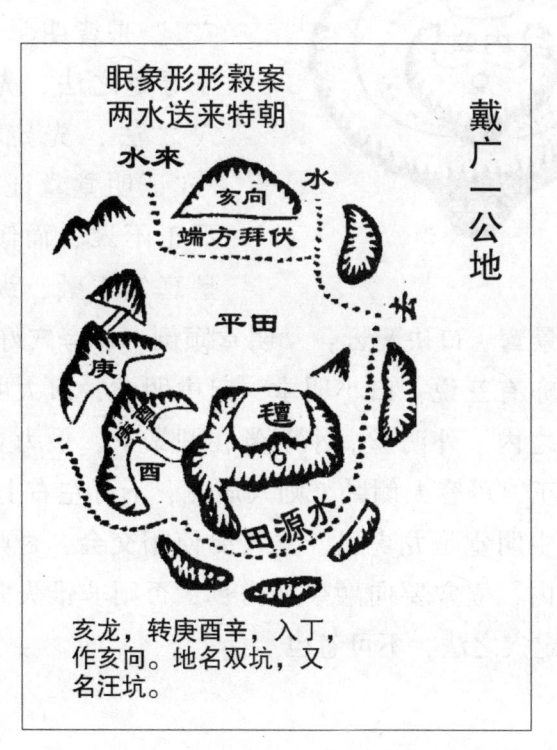

戴广一公地

眠象形形榖案
两水送来特朝

亥龙，转庚酉辛，入丁，作亥向。地名双坑，又名汪坑。

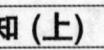

论明堂证穴

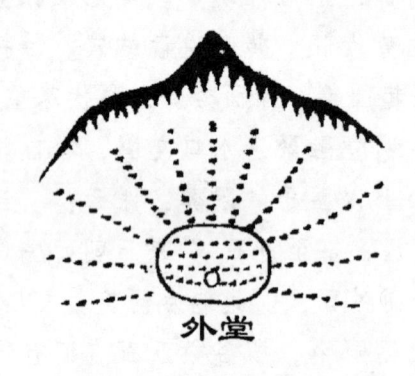

杨筠松云"立穴欲得明堂正"。又云"真气聚处看明堂"。又云"凡看疑穴观堂局，堂局真处抱身曲。"《琢玉集》云："斜侧偏正脉真的，更向明堂觅。明堂不背水城弓，扦着产英雄。"《明堂经》云："斜巧正拙，难可优劣。有情于我，是为真穴。"是皆明堂证穴之说也。盖寻龙之法，先求气脉。点穴之法，先定明堂。故曰"穴证明堂堂证案"。若明堂不正不聚，而倾泻倒侧，则是真气不融，纵有美穴，亦须弃置。吴景鸾《口诀》云："明堂倾倒，休夸穴好。"故真穴必有真堂。然亦有三说：曰小明堂，曰中明堂，曰大明堂。小、大明堂，又谓之内、外明堂。小明堂在圆晕下，最为立穴紧要。见此小明堂平正，可容人侧卧，则穴居此，不可左右上下。如悞扦，则为失穴。中明堂是龙虎里，立穴要使相交会，否则失消纳。大明堂在案山内，立穴要向融聚处为真，否则非惟失穴，恐结作皆伪。故明堂定穴之法，不可忽也。

论水势证穴

《葬经》云"得水为上"。杨筠松云"未看山，先看水。"又云"凡有真龙与真穴，必有潮源水合聚。"又云"山随水曲抱弯弯，有穴分明在此间。"廖金精云"真龙落处众水聚。"又云"穴若正时水便聚，不正迢迢去。"又云"穴居隐怪却难扦，细把水来辨。"皆谓真穴必然诸水会聚，或绕抱，或潮入。有此水势，穴必在焉。故曰"不知水，不足以言穴。知水之所趋，则知穴之所止。"是以登山点穴，须看水势。如水势聚于左堂，或水城弓抱左边，则知穴居左。若水势聚归右堂，或水城弓抱右边，则知穴居右。若正中水潮，或正中溶注，或正中水城圆抱有情，则知穴居中。若潮源远，则明堂宽，穴宜高；或元辰长，局势顺，则穴宜低。此皆水势定穴之大法也。

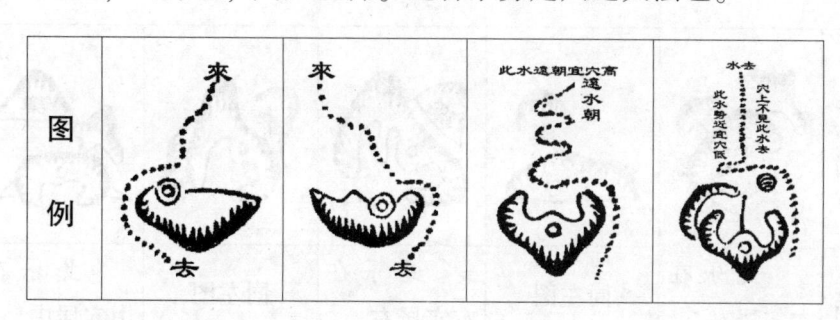

图例：来去｜来去｜此水远朝宜穴高 远水朝｜水去 穴占某是此水去 此水势远宜穴低

论乐山证穴

夫乐山者，穴后应乐之山也。不拘本身山、客山、护从翼蔽之山，或起峰峦，或不起峰峦，或尖或圆，或方或长，或高或大，或暗或显，惟要有此。穴上见者为上，明堂中见者次之。凡横龙结穴者，必要枕乐。如没骨、凹脑、侧脑诸穴尤紧，无乐则穴不真。故枕乐证穴之法，乐山在左则穴居左，乐山在右则穴居右，乐山居中则穴居中。左右俱枕乐山，则必结双穴，或结一穴居中。乐山近则依近，短则取长，少则枕多。以乐而推，一定不易。乐在此，断穴在此住，过则风摇。若撞背特来为乐者，力尤大，横来贴穴成星体者亦美。

其或如屏如帐，如华盖、三台、玉枕、帘幕、覆钟、顿鼓等形者，又乐山之至贵者也。虽其乐穴，又不可太高雄耸峙，有凌轹欺压之势，嵯峨可畏之状。如有此，则不可以其为乐而依之，当回避立穴。如左山压穴，则穴居右；右山压穴，则穴居左；前山压穴，穴归后；后山压穴，穴居前。四围山皆均平，穴居中心，切不可取雄强可畏者为乐，犯此必凶败。然既谓之乐山，则自不欺压，欺压决非真穴。《俯察》诗云："左高龙气须归右，右耸穴居左畔藏。莫把乐山同概论，压山凶祸实难当。"

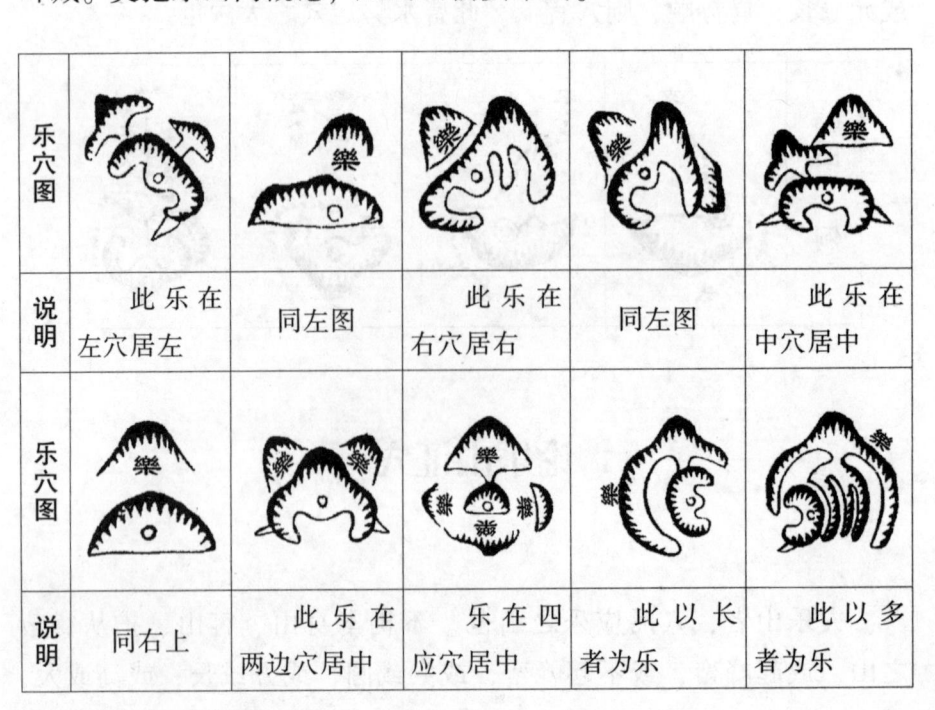

乐穴图					
说明	此乐在左穴居左	同左图	此乐在右穴居右	同左图	此乐在中穴居中
乐穴图					
说明	同右上	此乐在两边穴居中	乐在四应穴居中	此以长者为乐	此以多者为乐

鬼星证穴

鬼星证穴者，惟横落偏斜之穴，穴后必要有鬼星。其直来撞背结穴者，则不必论鬼。吴香山云："穴有偏斜处，却有借鬼为证者。"廖金精云："横龙出穴必要鬼。"盖横落偏斜之穴，后宫无鬼则空缺而气不融聚。故以鬼证穴之法，鬼在此止，穴在此住，鬼在彼生，穴在彼处。鬼不抱身而散漫者，则不结穴。大要使穴场截得鬼住，以收回鬼气。若立穴稍偏，则鬼夺气去，穴不能收，则为失穴，祸败随至。

是故鬼高则穴高，鬼低则穴低。鬼出于左穴居左，鬼出于右穴居右。所谓对鬼坐穴者，即鬼星证穴之法也。然鬼亦不可太长，太长则夺我本身真气。又有横龙天财穴，气蹩于前，宜后宫仰瓦者，则取其两边生来之孝顺鬼矣。

此鬼星撑于穴后正中，故穴安中。	此以鬼撑在左，穴居左。	此以鬼撑在右，穴居右也。	此两旁拱抱，名曰孝顺鬼，吉。	此一边逆抱托穴，吉。若顺托，贴身弯抱有情，亦吉。	此对穴护托鬼，吉。

论龙虎证穴

董德彰《秘诀》云："观龙虎住处，定穴之虚实；观龙虎先后，定穴之左右。龙有力则倚左，虎有力则倚右。龙虎低则避风，就明堂扦地穴；龙虎高则避压，舍明堂寻天穴。"范越凤云："龙强从龙，虎强从虎。"皆龙虎定穴之大法也。诚以龙虎为卫区亲切，穴场取以为证，亦至当不易之理。是故龙山逆水则穴依龙，虎山逆水则穴依虎。左单提则穴挨左，右单提则穴挨右。龙虎山高则穴亦高，龙虎山低则穴亦低。龙山有情穴在左，虎有情穴在右。龙虎山皆有情，不高不低，则穴居中。此皆龙虎证穴之要诀也。复有龙山欺穴，宜避其龙而依虎，虎山压塚，须避其虎而依龙。龙山先到则收龙，虎山先到则收虎，皆莫不以龙虎二山而取则焉。其有无龙虎者，则卜氏有云"无龙要水绕"。左宫无虎要水绕右畔，此不易之论也。穴依其有，不依其无。

论缠护证穴

缠护者，譬若贵人之有奴隶也。奴隶之侍卫，不敢远离于贵人之侧，亦不敢近逼于贵人之身。是故缠护证穴之法，护于此拱，穴于此立；缠于此绕，穴于此取。毋敢或离，毋敢或背，此缠护证穴之大法也。葛溪氏云"凡地有三塔两塔者，当以送山定之。送短穴在内，送长穴在尽，送偏穴亦偏，送尽穴即止"是也。

地理人子须知卷十四

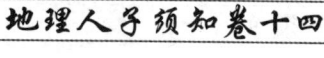

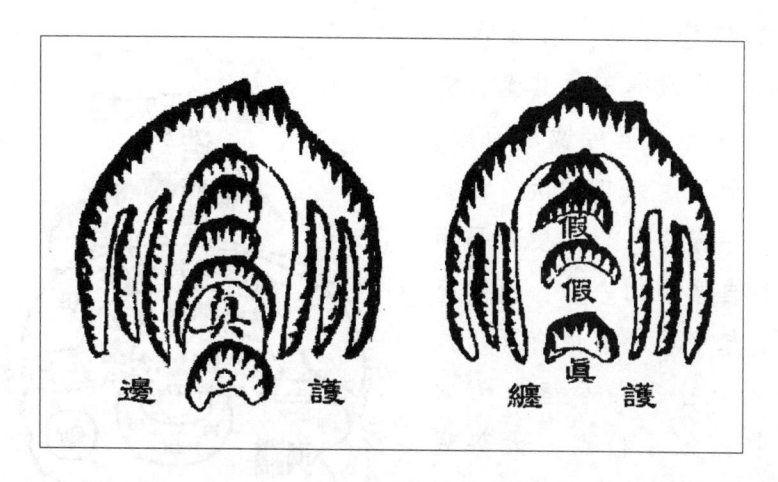

邊　護　　纏　護

论唇毡证穴

　　唇毡者，穴下余气之发露也。大者曰毡，小者曰唇。毡如毡褥之毡，唇谓嘴唇之唇。凡真龙结穴，必有余气吐露而为唇毡。故毡在此铺，穴在此住；唇于此吐，穴于此扦。天造地设，自然之应。无此即非真结作耳。横龙之穴，尤须认此，不可忽也。杨筠松《龙经》云："贵龙落处有毡唇，毡唇之穴富贵局。问君毡唇如何认？穴下有坪如鳖裙。譬如贵人有拜席，又如僧道毡具伸。真龙到穴有裀褥，便是枝龙也富足。"

此横结穴，直者仿此。

凡穴下铺毡，宜平坦圆正。大者曰毡褥，小者曰吐唇。有此则穴真。

人子须知（上）

刘都督祖地： 右地在南昌，地名中洲高田。其龙自教本寺北渡溪，至后城观而起，挨痕溪而下。一起一伏，曲折宽衍。穿帐将入局，横开平面水星，自帐中抽一脉，隐隐隆隆，微起平坡，散中有聚。穴甚奇巧，吐出一小唇以为穴证。收敛似小检点。大势观之，前面痕溪弯抱有情，不见浩荡。溪中低田横列，状如玉带拜伏，以为正案，外阳远山暗朝。若以形势而论，全无旗鼓、屯兵、叠甲等沙，当不自武功中贵。

（图：刘都督祖地 / 氈褥证穴格 诰轴 / 罗嶺 / 高田环抱有情 / 溪中低田拜案 / 乾亥合水）

只是庚、辛、酉来龙受气，入首是平面太阳金星结穴。金为武星，旺于西兑。吴国师云："庚兑千步威声显，面取震东居将营。"其形状龟，亦甲胄之属，此所以有武贵也。大抵中洲之龙，仙桥作祖，多出异人。其下三段，过脉亦巧，故出万祺，以禄命术受知英庙，位至尚书。段真人朝佐，以方士受知世庙，荣宠殊渥。宜乎草堂公亦以编氓骤立奇勋，秉元戎，位都阃矣。

按： 草堂名頤，先龚姓，南昌人。赘于四川刘挥使，冒刘姓，以武功官至都督云。

又尝见江山王上舍兼济祖地，临穴平坦，无一可据。只吐出毡褥颖异，证得穴真，是此格也。

江山王上舍祖地： 左地在江山县城外西南半里，分县龙旺气融结。入首开帐落脉下平坡。脉甚模糊，杂以巨石磷磷。至结穴处，一坦平夷。左右皆低平宽阔，界水微茫，无一可入俗眼。只

江山王上舍祖地

氈褥证穴格

渔翁撒纲形

是穴前吐出毡褥，十分颖异可爱，证得穴真。王氏初非择而取之。因疫卒，停柩其上，以砖封之。数年，家日昌盛。议欲另葬。其外父知地理，见而惊曰："此美地也，何可另葬？加封土于上为善。"婿不之信，开砖视之，果见茜藤交结于棺，暖气蒸腾如雾。逐加封土成坟焉。今王氏富盛冠其邑，应例登仕版者十余人。按：地前有文星近拜，外有远秀特朝，龙开大帐，穴枕禄储，不但富而已矣。第不知合葬法矩度否？

论天心十道证穴

天心十道者，前后左右四应之山也。穴法得后有盖山，前有照山，左右两畔有夹耳之山，谓之四应登对，盖照拱夹。故以此证穴，不可有一位空缺。凡真穴必有之。点穴之际，须宜详审，勿使偏脱。纔有偏脱，即为失穴，吉地变为凶地。故左右夹耳之山，不可脱前，不可脱后。前后盖照之山，不可偏左，不可偏右，如十字登对为美。《琢玉集》云："发露天机真脉处，十字峰为据。"

人子须知（上）

十道吉图

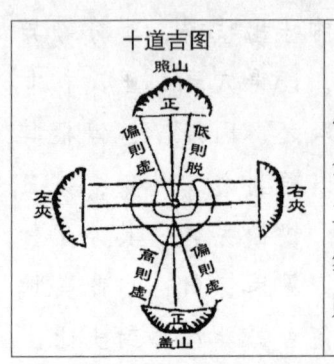

此天心十道全，只要立穴立向勿偏勿脱则吉。

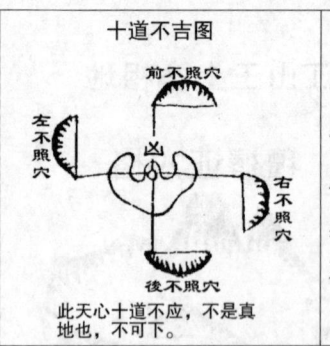

十道不吉图

此天心十道不应，不是真地也，不可下。

此天心十道不应，不是真地也，不可下。

顺昌县廖副宪祖地

十道证穴格

顺昌县廖副宪祖地： 其地在顺昌县，土名沙口下，金盘形，珠上穴，乃郭子云下也。其龙开帐，自帐中抽下，大顿小伏，左栖右闪。将及结穴，撒落平田。田中复起一突，前后左右四金相照，有合天心十道，穴甚清巧可爱，真美地也。葬后出廖元，官副宪；廖忠，为县令。科第数人，迄今荣盛不替。

论分合证穴

《家宝经》云："大凡点穴，先看大八字下有小八字，两边有虾须水送气脉下来，交到三叉尽处，必开口。然如是，又要辩认上分下合分晓，方知真假。若上面有分，下面有合，阴阳交度，乃为真穴。或上面有分，下而无合，则是阴阳不交度，乃为假穴。

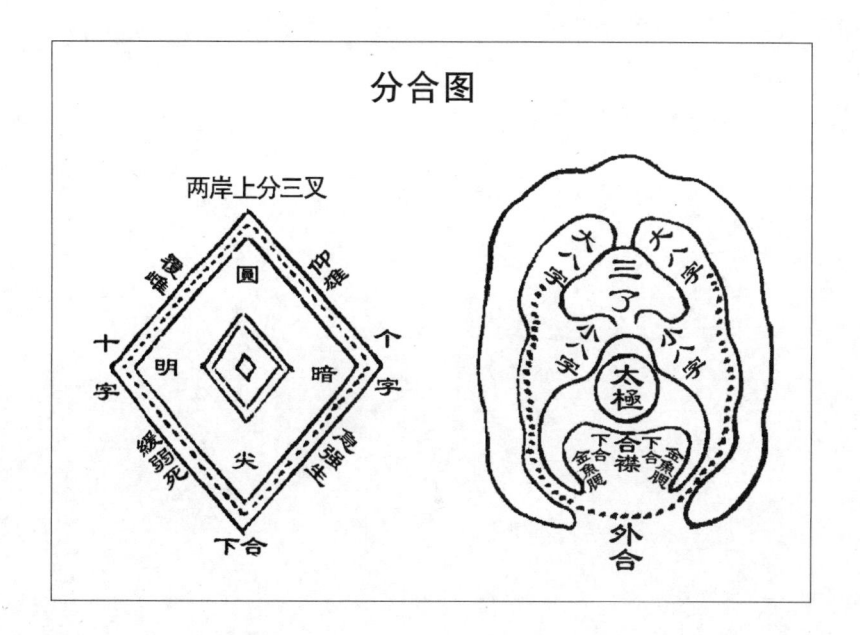

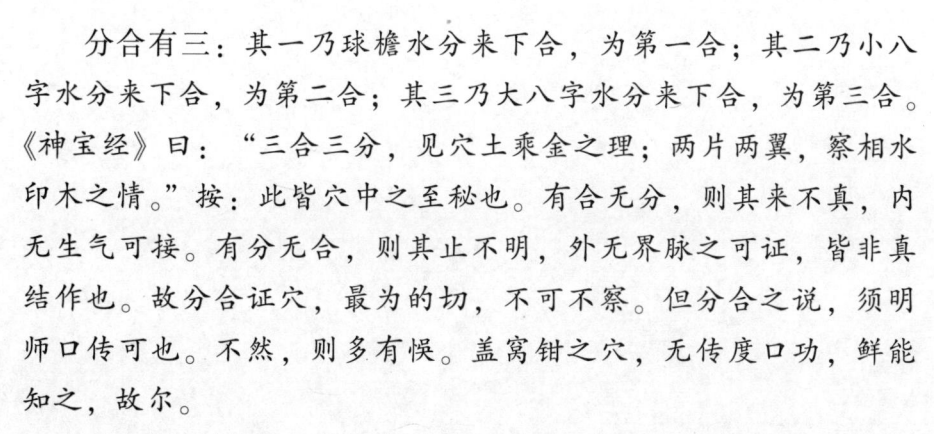

分合图

分合有三：其一乃球檐水分来下合，为第一合；其二乃小八字水分来下合，为第二合；其三乃大八字水分来下合，为第三合。《神宝经》曰："三合三分，见穴土乘金之理；两片两翼，察相水印木之情。"按：此皆穴中之至秘也。有合无分，则其来不真，内无生气可接。有分无合，则其止不明，外无界脉之可证，皆非真结作也。故分合证穴，最为的切，不可不察。但分合之说，须明师口传可也。不然，则多有悮。盖窝钳之穴，无传度口功，鲜能知之，故尔。

已上证穴诸论，姑就其常理而言之。又当活泼，不可拘执。盖地固有无朝应、明堂、鬼乐、龙虎、缠护、夹照而有结作者，岂可尽泥于此乎？噫！非圆机之士，其孰能之？